ウクライナ戦争の嘘

米露中北の打算・野望・本音

手嶋龍一
外交ジャーナリスト・作家

佐藤 優
作家・元外務省主任分析官

796
中公新書ラクレ

まえがき

巨大な惑星が互いに惹かれて接近し、時に反発して遠ざかっていくように、大国も合従連衡し、衝突を繰り返したりしてきた。思い起こせば、筆者は国際政局の変化が兆し始める現場に居合わせることが多かった。米中が極秘裏に接近を始めた北京の夏に身を置き、中ソの和解が密かに進む黒竜江の畔《ほとり》を踏査し、冷戦の終わりを米ソ首脳が宣言したマルタ島にも同行した。険しく対立する大国同士が一転して連携に転じる瞬間を目撃してきたのだが、そんな筆者の眼前でいま、ウクライナの戦域で米国と対決する〝プーチンのロシア〟と、台湾海峡を挟んで米国と対峙する〝習近平の中国〟が同盟を視野に入れながら急接近している。

プーチンと習近平は、2022年9月、中央アジアのオアシス都市サマルカンドで会談した。この席で習近平は「互いの核心的利益を強く支え合っていこう」とプーチンに呼びかけ堅い握手を交わした。ユーラシア大陸に盤踞する二つの核大国は、台湾とウクライナ占領地を双方にとっての〝核心的利益〟と見なして新たな準同盟に突き進みつつある。

あの冷たい戦争のさなか、人類は幾度も核戦争の深淵を覗き見た。その恐怖のゆえに米ソ両国は、戦略核を制御し管理する条約を結ぶに至った。だがウクライナ戦争を機に、プーチンは新戦略兵器削減条約（新ＳＴＡＲＴ）の履行を停止すると通告し、バイデンも戦略核の配備状況を知らせる義務に従わないと対抗措置にでた。新興の核大国、中国は、そもそも新ＳＴＡＲＴに加わっていない。いまや我々は核戦争が現実となる怖れのただなかに身を置いている。

「ウクライナには21世紀の国際政局の活断層が走っている」

佐藤優さんと私は、20年近くも前からそう指摘してきた。ロシアと北大西洋条約機構（ＮＡＴＯ）の狭間にあって、ウクライナの政権はその時々、ヤジロベーのように揺れ動いてきた。「鵺《ぬえ》」のように捉えどころがない――我々がそう表現した国は、一貫して有力な兵器大国であり続けた。その兵器廠《へいきしょう》からは新鋭兵器が密かに東アジアにも流れていた。黒海に臨むムィコラーイウ岸壁に係留されていた空母「ワリャーグ」は中国の空母「遼寧」に姿を変え、巡航ミサイル「X55」も強権国家の手に渡っていった。

〝プーチンの戦争〟は国際法に照らせば寸分の弁解の余地もない。だからと言って、ゼレンスキーの言い分に寄り添うだけでは悲惨な戦いは止められまい。ロシアとウクライナの苦境に耳を傾けて停戦の機を摑み、核戦争の芽を摘む方策を模索すべき時だろう。これこそが先進7ヵ国首脳会議（G7サミット）の議長国にしてヒロシマ・ナガサキの惨劇を体験したニッポンの責務である。

実は、本書の出版は重大な危機に見舞われた。佐藤優さんが菌血症という病に襲われ、敗血症を発症しかけて命を落とす瀬戸際だった。幸い主治医の適切な判断で緊急入院して一命は取り留めた。そんなさなかも佐藤さんは本書のゲラに細かく手を入れ、この書だけは読者に届けたいと思ったという。そうした折に電話をくれ、「神はしばし自分に命を与え賜うた。お前にはなお為すべき仕事がある。そんなおぼしめしなのだろう」と語った。

インテリジェンスとは、動乱の時代を生き抜くため、選りすぐられ、磨き抜かれた情報をいう。インテリジェンスを武器にウクライナ戦争と台湾危機が地下水脈でつながる様を明らかにした本書を一つの手がかりに、この国と東アジアの採るべき針路について深く思いを致してほしいと願ってやまない。

バフムトからの激戦の報に接しつつ

外交ジャーナリスト・作家　手嶋龍一

目次

ウクライナ全図

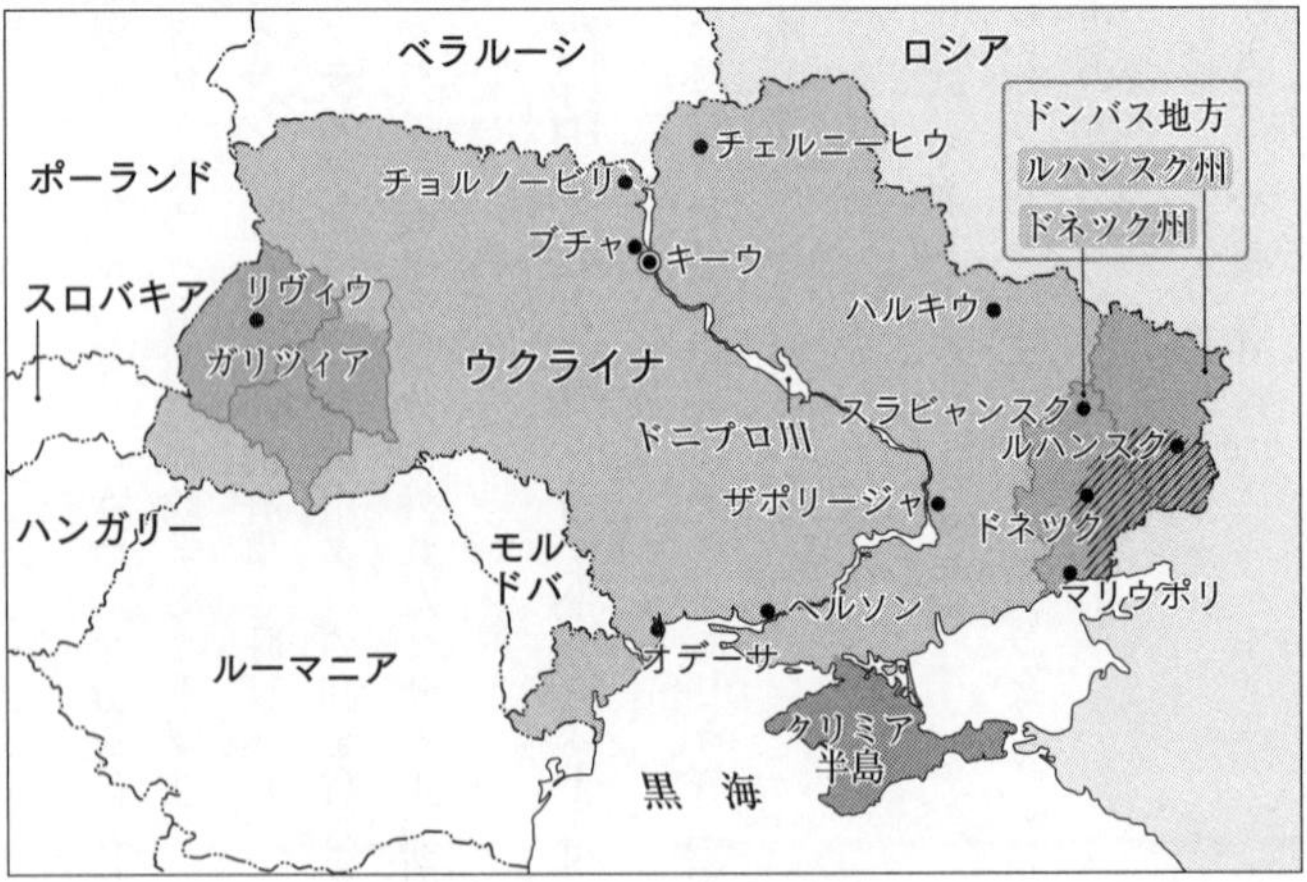

2022年２月24日以前からの親ロシア派の支配地域
クリミア半島は2014年３月にロシアに併合

ウクライナ戦争の嘘

米露中北の打算・野望・本音

第1章

アメリカはウクライナ戦争の〝管理人〟

対ウクライナ開戦の前夜を語る

手嶋　平和の国ニッポンに生まれながら、我々は数々の修羅場を潜り抜けてきたとよく言われます。確かに、冷たい戦争の幕が突然おりる決定的な瞬間に、佐藤優さんはクレムリンで、私はホワイトハウスで立ち会っただけではありません。その後の歴史的大事件、エリツィンが失脚したクーデター未遂事件、湾岸戦争、イラク戦争でも、それぞれの政治統帥部の中枢に在って米ロの指導者が決断を下す様をまぢかで目撃してきました。そんな類稀なクレムリン・オブザーバーである佐藤優さんが、プーチン大統領率いるロシア軍はウクライナに侵攻すると確信したのはいつでしたか。

佐藤　冒頭から豪速球が飛んできましたね。極秘の情報源も関わっているので、できれば答えたくないのですが——。ロシア軍が対ウクライナ国境を越えたのは、モスクワ時間の2022年2月24日午前6時頃、日本時間では正午頃でした。その2日前ですから、

2月22日の朝に日本政府のキーパーソンから「ロシア軍の侵攻があると判断するには何を基準にすればいいのか」という問い合わせがありました。

手嶋　それでなんと答えたのですか。できるだけ正確に、詳しく教えてください。

佐藤　うーん、手の内は明かしたくないなあ。ロシア軍とウクライナ軍は、戦車、装甲車、兵員輸送車などすべて共通の装備が用いられています。従って、両軍が相まみえれば、一種の同士討ちになってしまう。それを避けるためには、ロシア軍が侵攻する前に何らかの印を自軍の戦車などに施すはずだと回答したのです。1968年、ソ連軍を主力とするワルシャワ条約機構軍がチェコスロバキアに侵攻した際には、やはり戦車などに白いペンキで十字の印を塗り付けています。今回も侵攻するなら、似たようなことをきっとするはずだとそのキーパーソンに伝えたんです。

手嶋　それで実際はどうだったんですか。

佐藤　2月22日の午後に、その政府関係者から「白いペンキが出現しました」と報告がありました。対ウクライナ国境に集結しているロシア軍の戦車などに白いペンキで「Z」の文字が塗り付けられているのが確認できたというのです。これで「一両日中にはロシア軍の侵攻がある」と確信しました。

手嶋　結果は果たしてそのとおりとなりましたね。戦時の情報分析はいかにあるべきか、それが余すところなく示されています。国境に精鋭部隊が集結しているだけでは、侵攻に踏み切ると断じることはできません。侵攻の軍事的な〝能力〟はあっても、最高指揮官の〝意図〟は摑めないからです。

佐藤　もちろん、その他の情勢も幅広く検討したのですが、プーチンの胸の内を映す決定的なエビデンスの一つが、あの〝白いペンキのZ〟だったんですよ。

手嶋　対米開戦の前に帝国陸軍は当時の満州で空前の関東軍特別大演習を実施しました。だれしも日本は遂に北進を決断したと疑いましたが、20世紀最高のスパイと謳われたリヒャルト・ゾルゲは、日本は対ソ戦争に進まずとモスクワに打電して見通しを誤らなかった。一方で湾岸戦争の直前、サダム・フセイン率いるイラク軍の精鋭部隊が、対クウェート国境に集結していました。このとき、バグダッドにいた駐イラク・アメリカ大使は、フセインそのひとから「侵攻の意図なし」と直に聞かされて夏の休暇に入ってしまいます。不意打ちを食らった米国の情報当局の高官の困惑ぶりをいまも鮮明に覚えています。

佐藤　戦時の情勢判断はそれほどに難しい。日本でのウクライナ戦争の見立てをみていると、〝分析もどき〟に溢れていますね。目の前で起きている事象をただ後追いして論評しているだけで、真の情勢分析に値するようなものはあまり見当たりませんね。

手嶋　プーチン大統領がいう「特別軍事作戦」が始まって、この対論の時点で1年近くが経ちます。戦いがこれほどまでに長期化すると予想した専門家は、開戦当初、どれだけいたでしょうか。

佐藤　軍事力に優るロシア軍があっという間にウクライナを呑み込み、数週間でけりがつくという見方が趨勢でした。もっともそういう軍事専門家が4ヵ月後の6月には、反転攻勢に出たウクライナ軍が22年の末には元の国境までロシアを押し戻すという見立てを語っていました。その後また予測を変えています。こういうひとの予測を聞いても分析の役に立ちません。

手嶋　現時点では、停戦交渉のきっかけも摑めず、戦いは長期化の様相を見せています。こうしたなかで当のプーチン大統領は、核兵器の使用も辞さない姿勢を示しています。核のボタンにだけは断じて手を触れさせてはならない。現下の危うい事態を打開するには、超大国アメリカをはじめ国際社会はいま如何に行動すべきなのか。そのためには、バイデン政権がなぜ〝プーチンの戦争〟を抑止できなかったのかも検証しておくべきでしょう。これらの点も含めて論じあっていきたいと思います。

佐藤 そのときに必要になるのが、一にも二にもリアリティです。残念ながら、いまの日本のメディアには、現実に立脚して情勢を冷徹に分析するという視点が希薄です。そういう意味では、手嶋さんも私も、どちらが正義かといった心情をひとまず離れて、なにが確かな事実なのかを判断の拠り所にしていますね。でも、これって残念ながら少数派なんですね。

手嶋 この国では、我々はいつも少数派でしたので、すっかり慣れっこになってしまいました。9・11同時多発テロ事件を境に〝テロルの世紀〟の幕が上がったと言われました。しかし、〝プーチンの戦争〟が起きて、世界はまた新たな時代に入ったように思います。ウクライナの戦いを機にパラダイムシフト、つまり重大な地殻変動が起き、世界の風景は変わりつつあります。

佐藤 にもかかわらず、日本の、より正確に言えば西側のメディアを覆っているのは、一面的な価値観です。「これは民主主義を守る正義の戦いだ」と主張しているだけでは、戦争の現状を膠着させ、その果てに核の使用というリスクをいたずらに高めるだけです。西側陣営がいまウクライナ支援の根拠としているのが、「責任は100%、侵略に手を染めた独裁者プーチンにある」「〝ロシア権威主義〟対〝自由・民主主義陣営〟の戦いだ」というテーゼです。そういうと、「佐藤は親ロシアだ」ということになるのでしょうけれど。（笑）

手嶋　ロシア分析のプロフェッショナルは必ずしも親ロシア派にあらず。プーチンの、そしてロシアの内在的論理を深く理解している専門家が、その胸の内を解き明かしたからといって、〝クレムリンの回し者だ〟ということにはなりません。僕もイラク戦争の開戦時、「ブッシュ大統領はイラク攻撃を下令した」と伝えたのですが、当時の田中康夫・長野県知事からメディアで「米国寄りだ」と批判されたことがあります。客観的な事実を報じただけなのですが（笑）。もっとも〝我らが佐藤ラスプーチン〟は、とかく鈴木宗男参議院議員と一体だと見られがちで、ロシアべったりと誤解されている面はあると思います。鈴木宗男さんのプーチン擁護は、いささか度を越していますから。

佐藤　鈴木さんは政治家なのでウクライナ戦争終了後、日ロ関係を正常化する際の自分の役割を考えて発言しているのだと思います。私にはそういう配慮はないので、ロシアに対して厳しいことも言います。いずれにせよ、我々はこの戦争の当事者ではありません。そんな我々にとって大切なのは、あくまでも冷静な第三者のスタンスなんです。

手嶋　〝神の視座〟と言われる視点から事態を見きわめて情勢を怜悧に判断する。そうしなければ、当事者の情報をクレジット付きでそのまま引用するほうがまだましです。

佐藤　現在進行形の戦争を分析するのは実に難しい。現場に直に身を置くことができないケースが大半だからです。そんな戦争の推移を的確に見通していたという人がいますが、眉唾のことが多いですね。

手嶋　いわゆる〝事後予言〟に手を染める人たちがいますからね。大事件が起きた後に、自分は前からそれを予見していたと。そんな専門家には心せよ！　私の専門分野でいえば、競馬のレースが終わった後で、神のごとく万馬券を的中させたと豪語する予想屋がいるんです。もちろんビジネス・トークで、客はつい信用して次のレースの情報をカネで買ってしまう。もちろん当たらない。(笑)

佐藤　聖書の預言書でも、後の事態をぴたりと言い当てたものがあります。何が起きたかを知っていて、後で書いた預言書です。ですから、神のように(笑)、的中するわけです。

手嶋　具体例を一つだけ紹介しておきましょう。米中の劇的な接近は、同盟国の日本には〝ニクソン・ショック〟と言われて寝耳に水でした。ところが、日本経済新聞の論説委員は「米中の和解」を事前に予測していたと自慢していました。調べてみたのですが、「米中の接近があるかもしれない」といった程度の話でした。膨らし粉で過大に喧伝していたことが分かりました。これも「事後予言」の一種ですね。

佐藤　ひどいですね。手嶋さんも私も、「事後予言」の類いをしたことはありません。

手嶋　ええ、インテリジェンスの世界は、嘘をつかないことが鉄則ですから。

大本営発表の罪と罰

佐藤　国際政局を見通すために、もう一つ。安手の正義感や牢固としたイデオロギーに囚われては必ず見通しを誤ります。

手嶋　〝プーチンの戦争〟は、あらゆる国際法規や国連憲章に反する不正義の戦いです。だからと言って、不正義が直ちに敗れるとは限らない。

佐藤　真の情勢分析は、その時点で集められるだけの情報を収集し、その中から事実と認められる情報を選り抜き、それに立脚して近未来を見通す。しかし、実際には、二つの錯誤に足を絡めとられているケースが多い。戦争の一方の当事者であるウクライナ側の発表だけを鵜呑みにし、〝正義はウクライナにあり〟と考えるあまり、冷徹であるべき分析に偏りが生じてしまっては、事態の本質を見誤ります。

手嶋　その弊害は随所に見受けられますね。

佐藤　例えば２０２２年12月18日の「朝日新聞デジタル」にこんな記事がさりげなく載っていました。ロシア軍兵士や親族らは、ウクライナ軍の捕虜になる手順を電話やチャットで説明するプロジェクトを利用しており、その数はすでに１２０万人を超えたとウクライナ国防省の軍情報総局の広報官が明らかにしたという内容です。コンタクトしてきたロシア兵士には、具体的な方法を個別に説明しているというのですが、この記事を書いた日本の記者は、１２０万人という膨大な数をどう捉えたのか。本当にそれだけの相談を電話やネットでプロジェクト事務局がさばけたのか。冷静な記者の目が曇って、「数字のリアル」が見えなくなってしまったと思わざるを得ませんね。

手嶋　情報のクレジットさえつければ、情報の中身を精査せずに報道していいという事にはなりませんね。

佐藤　ウクライナ政府の情報を扱うなら、同様にロシア政府の情報も検証してしかるべきでしょう。これはバランスをとるなどという事じゃない。真相を探るためです。私は昨年から人工透析を受けています。透析は週3回で、1回4時間くらいかかる。そういう時間を使ってずっとロシアのテレビ番組を観てきました。とりわけロシアの政府系のテレビ局・第1チャンネルが不定期に放映する政治討論番組「グレート・ゲーム（ボリシャヤ・イグラー）」は、クレムリンが諸外国へシグナルを送る役割を果たしていますから参考になります。ロシアのテレビといえば、この戦争の真相を国民に知らせず、もっぱら国家のプロパガンダばかりを垂れ流していると思われがちです。だが、それは違う。ロシアのメディアも西側の情報は流していますし、この戦争に懐疑的な内容も見受けられます。

手嶋　あの冷たい戦争のさなか、共産党の機関紙だった「プラウダ」や「モスクワ放送」のちょっとした論調の変化から、クレムリンの政変の臭いを嗅ぎ取ってきた〝佐藤ラスプーチン〟には、今後もロシアのテレビをウォッチしてもらいたいと思います。でも、人工透析はつらいので早く腎臓移植を終えて、煎餅でもかじりながらテレビを観てください。ロシア語が堪能なだけでは、番組の底流に見え隠れしているメッセージを汲み取ることはできませんから。ここはやはり佐藤さんの出番です。

佐藤　日本のテレビや新聞で流されるニュースは、大半がアメリカABCやCNN、イギリスBBCといった欧米メディアを基にした二次情報です。独自取材が少ないのは残念ですが、それならば、もう一方の当事者であるロシアのメディアもしっかりチェックして、活用しないのはおかしいですよ。

手嶋　この対論を通じて、何度も我々のスタンスを繰り返すのは、読者にとっても煩わしいでしょうから、ここではっきりさせておきたいと思います。私もそして佐藤さんもプーチンのウクライナ侵攻は、あらゆる国連憲章に背き、国際法規に反する、圧倒的な不正義の戦いだと考えています。

佐藤　そのとおり、プーチン大統領は恣意的解釈で国連憲章を破り、世界の秩序を破壊した。そんなロシアの振る舞いは決して許されるものではありません。ロシアの行為はウクライナの国家主権と領土の一体性を侵害するので国際法に違反しています。それによってウクライナの民衆に多数の犠牲者が出ている責任を、ロシアは負わなくてはならない。このことも、何度も申し上げています。

手嶋　ただし、プーチン大統領に責任があるからといって、その不正義を指弾するため、すべての領土を奪還すべく戦い続けることがいいのか。停戦の機を見出して、ロシアとウクライナを話し合いのテーブルに着かせる外交努力を国際社会はしなくていいのか。

無期限にして無制限の戦争の果てに、核戦争が起こっていいのか。それでも、ウクライナに〝正義の戦い〟を続けさせるのか。いまこそ、危険極まりない戦争を止めなければ――。

佐藤　そこが我々の共通認識であり、この本を出す目的です。

トランプが絶賛したプーチンの侵攻スキーム

佐藤　ウクライナ戦争の本質とは何か。ここはいったん、「善悪」といった価値判断や心情を括弧の中に入れて、冷静に事実を見たうえで検討を加えていきましょう。ウクライナや欧米発の情報はすでに溢れていますから、ロシア側から発信された情報を読み解いてみましょう。ロシアがウクライナに侵攻した直接の目的は、ウクライナ東部に位置するルハンスク州、ドネツク州の住民の擁護であり、非軍事化でした。

手嶋　すでにドンバスと呼ばれるそれらの地域を実効支配していた親ロシア派の勢力と反ロシア派、つまりウクライナ政権側の衝突が続いていましたね。

佐藤　正確に言えば、ルハンスク州の2分の1、ドネツク州の3分の1が親ロ派武装勢力の支配地域でした。この地方の人々は、帝政ロシア時代、ソ連時代を通じてロシア語を話し、ロシア正教を信じています。もともとロシア人のアイデンティティを持っているんですよ。

手嶋 ロシアの理屈としては、ウクライナ政権側の攻撃にさらされ、危ない目に遭っている同胞を助けに行くと――。

佐藤 プーチン大統領は、侵攻に際して、一応、法的根拠を構築して見せました。侵攻に先立つ2022年2月21日、彼は「ルガンスク人民共和国」と「ドネツク人民共和国」の独立を認める大統領令に署名したのです。

手嶋 これから「攻め込む」地域を、まずはウクライナから分離させる意匠を凝らしたわけですね。

佐藤 ちなみにこのプーチンの決断を評価したのは、アメリカの前大統領ドナルド・トランプでした。彼は「プーチンは天才だ」「なんて賢いんだ」と褒めたたえました。このロシアの承認によって、ドネツクとルハンスクは、国際社会の大多数からは認められていないものの、かろうじて「国家」の体裁を整え「未承認国家」となりました。これはジョージア領内にある「南オセチア共和国」などと同じ扱いです。

手嶋　実はこの「南オセチア共和国」の存在は重要です。日本ではその存在を知る人はごく少数かもしれませんが、ロシアの後ろ盾を受けて、オセチア人が多数派を占める「南オセチア共和国」はいまも一応平穏を保っています。ジョージアは、２００８年に武力で奪回を試みましたが、ロシア軍の侵攻を招いて断念しました。これ以降は、現状維持が続いています。ロシアの周辺には、モルドバをはじめとして自国の域内にロシアの支援を受けた「未承認国家」が複数存在しています。

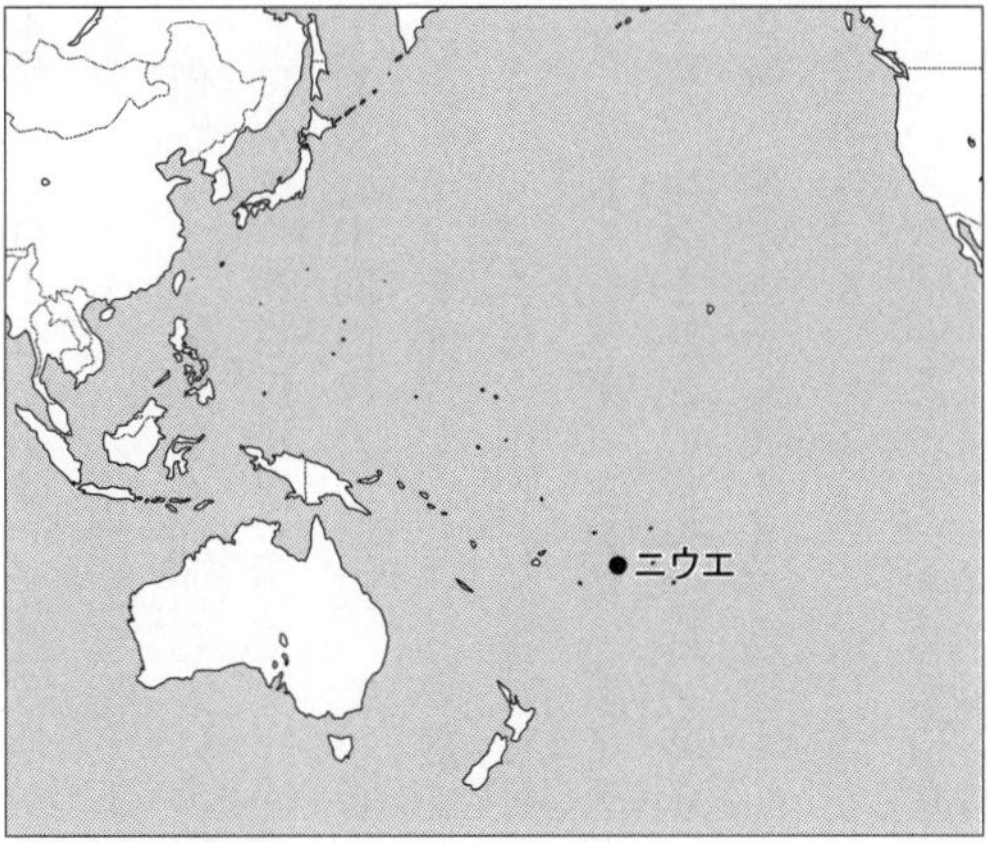

ニウエの位置

佐藤　私は、ロシアの振る舞いは、国際法違反だと批判する日本の記者に「じゃあ、日本のニウエ承認はどうなんですか？」と聞くんですよ。そうすると、「ニウエ？」とキョトンとするんです。

手嶋　2015年当時、安倍政権が承認した南太平洋の島国ですね。

佐藤　ニウエは、人権問題を抱えていることもあって、国家として承認している国はごく僅かです。国連にも加盟していない。安倍政権が敢えて承認に踏み切ったのは、要するに中国への対抗措置なのです。すでに中国はニウエと外交関係を樹立しており、放っておくと中国の勢力下に入ってしまう恐れがあったのです。安倍総理がかなり強引なイニシアチブを発揮し、しかし、静かに閣議決定したというわけです。戦略的な配慮を優先させて、ニウエ国内の人権に目をつぶっていることに焦点が当たらないようにしました。それで、メディアは騒ぎ立てませんでした。

手嶋　冷徹な外交の世界では、時に〝必要は法を超える〟という典型ですね。

佐藤　国が国を承認する行為はすぐれて政治的な判断ですから。国家承認の要件には実定国際法はないのです。一般に言われているのは、領域がある、国民がいる、実効支配している政府があって、その政府が国際法規を遵守する意向を持っている。それが揃えば承認はできるとされている。だから、日本のニウエの承認と、ロシアの「ドネツク人民共和国」「ルガンスク人民共和国」の承認と、どこがどう違うのか、と問われても、国際法では答えられません。

手嶋　プーチン大統領の場合は、ウクライナ侵攻を多少とも正当化するため、国家承認という体裁を取り繕ったわけですが、逆にいえば、それだけ世間体を気にしていたともいえますね。

佐藤　国際法の濫用、つまり恣意的解釈であることは間違いないでしょう。
話を戻すと、その政治判断の直後、プーチン大統領は、ルハンスク、ドネツクの両首長とそれぞれ「友好協力相互援助条約」にも署名しました。これにより、ロシアは両共和国との間で集団的自衛権を行使できる環境が整いました。彼らからの要請に基づいて、ウクライナが不法占拠している国土をロシア軍が「解放」するという大義名分を整え、正規軍を派遣することを可能にしたわけです。

戦争のルールが書き換えられてゆく恐怖

佐藤　一方の西側陣営もロシアの国際法違反を口にしていますが、ハーグ陸戦法規などに照らせば武器を提供すれば交戦国に認定され、攻撃を受けても文句は言えない。
他方、国連憲章の第51条では、侵略に対する集団的自衛権も認められています。国連加盟国が侵略を受けた際には、国連が解決のための措置を決定するまでの間、侵略された国を助けることができるという規定があります。それを援用して、今回はロシアの侵略行為なのだから、ウクライナへの支援は認められるという解釈も成り立ちます。

手嶋　アメリカのバイデン政権は、表向きの理由として、ウクライナとの間には安全保障上の盟約がないため、アメリカ軍を含む北大西洋条約機構（ＮＡＴＯ）軍はウクライナの戦域に投入しないし、攻撃的な兵器も提供しない、と当初は言っていました。すでに長射程のハイマース砲や新鋭戦車の供与を始めていますから、当初の建前は崩れ始めています。

佐藤　武器の提供だけでなく、インストラクターとして西側の元軍人などがウクライナに乗り込んでいます。さらに、実際の突撃隊の戦闘にも、アメリカの元特殊部隊員が参加している。制服を着替えているだけで、アメリカ軍が実質的には参加しています。ウクライナの戦いでは〝戦争のルールブック〟そのものの書き換えが進んでいます。

手嶋　ウクライナ軍は、２０２２年12月初旬、無人飛行機でロシア領内の戦略爆撃機の基地を攻撃しました。ロシアとウクライナはいま戦争をしており、ロシア軍はウクライナ領内に侵攻して攻撃を加えている。だとすれば、ウクライナ軍もロシア領を攻撃しても、国際法上の自衛の措置であり許される行為だと、日本の外交・安全保障の専門家がコメントしていました。形式上はそうかもしれませんが、リアリティを欠いたべらぼうな発言です。

佐藤　まさに攻撃こそ最大の防御だというレベルの話ですね。そうなると、何でもありです。モスクワにミサイルを撃ち込んでも構わない。ウクライナの決死隊がモスクワへ行って、クレムリンを爆破しても構わない。その結果、何が起こるのかを捨て置いて行動するのならば、ですが。

手嶋　一応、まともな機関に属する専門家の発言ですが、ちょっと待ってくださいよ、と言いたい。ロシアの核戦力を構成する戦略爆撃機の拠点を攻撃することの恐ろしさをまったく理解していないと言わざるをえません。

佐藤　核戦争のきっかけをつくってしまう恐れがある。

手嶋　そう、核戦争の危機と形式的な国際法の解釈を同じ次元で捉えている。自衛のためなら何でもやっていいと本気で思っているのでしょうか。核戦争という最悪の事態が起こってしまったら、どう責任を取るのでしょうか。

佐藤　まさにリアリズムが完全に欠如した評論の典型ですね。

ローマ教皇の「謝罪」が映す複雑怪奇

佐藤　日本のメディアは、あまり大きく扱わなかったのですが、ウクライナ戦争をめぐってローマ教皇が謝罪するという出来事がありました。２０２２年11月末に、アメリカのカトリック系雑誌のインタビューで、フランシスコ・ローマ教皇が「最も残忍なのは、恐らくロシアの伝統に属さないロシア人、例えばチェチェン民族やブリヤート民族などだろう」と発言したのです。

手嶋　カトリック教会のトップが、民族と残虐性を結び付けて語ったのですから、大きな波紋を引き起こしました。

佐藤　カトリック教会がウクライナ・ナショナリズムの母体になっているとはいえ、「世界の道徳の羅針盤」となってきたローマ教皇の発言としては、考えられない差別的なものでした。ロシアは当然ながら猛烈に反発し、外務省のマリア・ザハロワ報道官は、「もはやロシア嫌いどころではない」と吐き捨てました。

ただ、私がさらに驚いたのは、ロシア側の抗議に対して、12月半ばになってバチカンを認めました。

（ローマ教皇庁）が外交ルートで謝罪したことです。ロシア側も正式に謝罪があったこと

手嶋　ローマ教皇の謝罪は、カトリック教会の統治に関わる問題では、神父の幼児への性的虐待などを除けば、やはりかなり異例の事態ですね。

佐藤　ローマ教会には、「教皇不可謬性の教義」というものがあるんです。教義と道徳に関しては、ローマ教皇は絶対に間違えない。これを疑うべからず、と。今回の件は、教義の問題ではありません。でも、道徳に関わる問題には関係するわけで、バチカンが教皇発言を撤回して謝罪するなど前代未聞のことと言っていい。

それほど、ウクライナの戦いは緊張が増している、その証左と言っていい。世界中のカトリック教会から、「教皇は前のめり過ぎるのではないか」「抜き差しならないことになったらまずい」という反応があったため、軌道修正したんだと私はみています。

手嶋　ウクライナの戦いは、バチカンに勇み足をさせるほど深刻なのでしょう。

佐藤　あえて言えば、バチカンがかなりウクライナに肩入れしていることを浮き彫りにした。この「失言」を徹底して謝って、ロシア側がこれ以上、その話を持ち出せないようにした。バチカンは、それほどこの戦争のプレーヤーだという意識が強い。その裏返

しなのでしょう。ロシアとプーチンに燃えるような怒りを募らせる〝ウクライナ・ナショナリズム〟の策源地こそ、西部ガリツィア地方です。ここに数多くあるユニエイト教会、つまり東方典礼カトリック教会の一つは、ローマ・カトリックに属していますから。

手嶋　14年のクリミア侵攻の後、西部の拠点都市リヴィウにしばらく滞在していたのですが、東方典礼カトリック教会を訪ねたことがあります。バチカンとしては、ウクライナ西部のカトリック教徒の存在もあって、ゼレンスキー政権にかなりのシンパシーを抱いていた。それが教皇の失言につながったのでしょう。

プーチンの考えを変えさせた二つの事件

佐藤　ロシアは、2022年秋が深まった頃から、ウクライナのエネルギー関連施設をはじめとする民間のインフラに照準を合わせて、徹底的な破壊を実行しました。

手嶋　そのきっかけとなったのは、10月上旬のウクライナの特殊部隊によるクリミア大橋の爆破でした。プーチン大統領は、クリミア半島に兵員や軍需物資を送りこむ〝大動脈〟が断ち切られたのですから、怒りを露わにして、直ちに大がかりな報復を命じました。その結果、ウクライナ国民の多くが、厳しい冬を迎えて寒さに震え、命の危機にも直面することになりました。

佐藤　問題は、暖房や給湯だけではありません。ウクライナは、穀物などの食料の多くを鉄道で運んでいますが、ほとんどの線路が電化されています。このため電気が止まれば、物流も止まってしまう。作物を収穫しても、輸送手段がないため腐らせてしまう事態に直面したのです。

手嶋　プーチン大統領は、そんなウクライナの実情を知り抜いて、電力施設を狙い撃ちにしたのですね。

佐藤　そう、エネルギーと食料を狙ったロシア側の作戦は、極めて非人道的というしかないのですが、効果は絶大でした。ただ、プーチンが2月の開戦の時点から、そんな作戦を考えていたのかというと、私は違うと思っています。開戦当初の主敵は、あくまでゼレンスキー政権でした。同じ東スラブの兄弟国であるウクライナの人々を窮地に追い込む事態は極力避けたいと考えていたはずです。

手嶋　では、何が〝プーチンの戦争〟を変えてしまったのでしょうか？

佐藤　要因は二つあると考えています。一つは、手嶋さんが指摘したクリミア大橋の爆破です。そして、いま一つは、ダリア・ドゥーギンの爆殺事件です。殺されたダリアは、ロシアの保守思想家アレクサンドル・ドゥーギンの娘でジャーナリスト。アレクサンドルは、欧米とは本質的に異なる価値観をもつところにロシアの特徴があると主張する新ユーラシア主義の思想家です。22年8月20日、ダリアは自動車に仕掛けられた爆弾で殺害されました。ただ、彼女は、父親の身代わりで犠牲になったのではない。欧米のメディアは、勘違いしているのですが、反プーチン派はダリアを狙ったのです。

手嶋　彼女は標的になるほど重要な存在だったのですね。

佐藤　そうです。若手論客として知られる娘、ダリアのほうがイデオローグとしては力量があった。現に22年4月のフランス大統領選で善戦した極右「国民連合」の指導者、マリーヌ・ルペンとも人脈を持っていました。一方で、父親のドゥーギンは、自分のことを大きく膨らませて語るタイプです。現にプーチンとも会ったことが一度もない。ロシアの公職、たとえば諮問機関である大統領社会院のメンバーにも任命されたことがない。

手嶋　なるほど、娘のダリアこそ、プーチンを支える強力な支持者だったのですね。そんな存在をウクライナのテロルによって消されてしまう。大統領は怒髪天を衝いた話ですね。

佐藤　ロシア連邦保安局（FSB）は、ウクライナ情報機関に属する男女が犯人だと名指ししています。ニューヨーク・タイムズの報じるところでは、ウクライナ政府の一部がこの暗殺計画に許可を与えたとアメリカの情報機関はみている。ウクライナ政府は、むろん関与を否定していますが――。

手嶋　プーチンに戦いの矛先を変えさせた、いま一つの要因は先程も指摘したクリミア大橋の爆破ですね。プーチンにとって〝命綱〟ともいうべきクリミア大橋の爆破も、ウクライナの情報機関が企画立案をし、ロシア国内の反プーチン派を巻き込んで実行したと見ていいですね。ゼレンスキー政権の幹部も、22年春頃から、「機会があれば必ず破壊する」と発言していましたから。

佐藤　ですから、ロシア側にとっては、決して青天の霹靂ではなかった。ロシアの討論番組「グレート・ゲーム」でも、事件の3ヵ月ほど前から、「ウクライナの将官クラスがクリミア大橋の破壊について言及している」「もし実行に及べば、ロシアが引いた〝レッドライン〟を越えることになる」というやり取りをしていました。

手嶋　アメリカの情報機関は、そうした動きを誰よりもよく掌握していたはずです。それだけに、ウクライナ側が〝プーチンの虎の尾〟を踏むのを座視していたことは危険極まりないと思います。

佐藤 にもかかわらず、クリミア大橋の爆破後に、ウクライナのポドリャク大統領府顧問が、「これは始まりにすぎない」「盗まれたものはすべて取り戻す」と述べています。テレビ番組「グレート・ゲーム」で、アメリカ共和党系のシンクタンクの所長で、ソ連から移住してアメリカ国籍を持つドミトリー・サイムズ氏が、事件直後にモスクワに行き、ロシア国内の空気を実に的確に語っています。「ドゥーギン殺害とクリミア大橋の爆破で、モスクワは嵐の前の静けさになっている。きっと何かやるよ」と。

手嶋 事態はこのとおりに展開しました。クレムリンの首脳たちは、報復に向けて粛々と布石を打っていきました。

佐藤 このとき、プーチン大統領は、かかる政権を支持し、樹立したウクライナ国民にも相応の責任があると発想を変えたのでしょう。これによって、ウクライナの戦いは、新たなフェーズに入ったのです。

手嶋 ただ、ウクライナ側は、「クリミア大橋の爆破はロシアの謀略だ」と言っていました。こうした大事件では必ずと言っていいほど出てくる〝自作自演説〟です。

佐藤　22年11月15日にポーランドにミサイルが着弾したときも同様です。ウクライナ発の情報は錯綜していました。このポーランドに着弾したミサイルを巡る分析は、大変に重要ですので、第3章で詳しく扱いたいと思います。〝自作自演説〟は、ウクライナが自分で自分の首を絞めることになります。ゼレンスキー政権では、情報を精緻に集約するシステムを欠いているのです。当座の報道に動かされて、自分たちに都合のよいことをつい言ってしまう傾向がある。

手嶋　正確な情報を入手し、冷静に分析する。それは戦争の遂行には欠かせません。いまのウクライナは確かにその点で危うい側面があると言わざるを得ませんね。

佐藤　そもそも、ウクライナでは、がっちりと軍を統率する統帥権が確立されていない。かつての中国の軍閥のようにいくつものグループに分かれ、誰も全体像を把握していない。事実、国防省傘下の部隊もあれば、アゾフ大隊のような内務省傘下の部隊もある。あるいは傭兵集団もある。クリミア大橋の破壊について、ゼレンスキー大統領自身は、「私は知らない」と言っています。ゼレンスキーの反応を見る限り、本当に知らなかったのかもしれません。

手嶋　その果てに、プーチンの虎の尾を踏んでしまい、核戦争を招くような危険があるとすれば、ゾッとします。

ロシアは苦戦しているのか

手嶋　欧米、そして日本のメディアを見ていると、「戦争報道」は実に厄介で、実態をどこまで正確に伝えているか、よほど注意してかからなければと思います。

佐藤　開戦の直後は、「ロシア軍は圧倒的に優勢」「キーウが陥落するのは時間の問題」という報道に溢れていましたが、やがて、「ロシアの侵攻は思うに任せない」「ロシア兵の士気が低下している」「装備が古い」という報道一色となりました。いまも「ウクライナ側は意気軒昂」「優勢に戦いを進めている」という分析が繰り返されています。

手嶋　私もワシントン特派員の時代、米国防総省のもとで戦場の取材に携わったことがあります。常の取材といちばん大きな違いは、一種の検閲が課されることなのです。分かりやすく説明すると、米軍がいつ開戦するか。前線の同行記者団に「Xデー」を知らせても、本社に送稿することはかないません。事前に当局とメディアの契約もあるのですが、「Xデー」が事前に報道されれば、敵の反撃を受けて甚大な被害をも蒙ってしまう。イラク戦争では前線の部隊に従軍記者を出しましたが、ワシントン支局長としてこの扱いには、本当に苦労しました。前線からの送稿記事、現場リポートに軍当局の検閲が実施される場合は、ニュース内で「この報道は軍当局の検閲が実施されている」と断らなければなりません。幸いイラク戦争の開戦は、事前通告がなかったため、検閲は行われませんでした。

佐藤　今回のウクライナ戦争では、欧米そして日本のメディアが、全面的に依拠している情報源は二つと言っていい。アメリカの戦争研究所（ＩＳＷ）とイギリスの国防省です。このＩＳＷの情報を中立的なものとして日本のメディアは全面的に頼って報道していますが、それ自体が大きな問題です。

手嶋　イラク戦争にアメリカを進ませる原動力になったのは新しい保守主義・ネオコンでしたが、そのネオコン系の研究所です。ネオコンは、新しい保守主義者と説明されますが、極左から極右に転じた人々が多く、その多くがユダヤ系の論者にして、力の信奉者です。

佐藤　設立したのはキンバリー・ケーガンです。その夫が軍事史家のフレデリック・ケーガンで、その兄がネオコンの総帥であるロバート・ケーガンです。ロバートの妻はビクトリア・ヌーランド米国務次官です。まさしくＩＳＷはネオコン系の研究所なんです。

手嶋　ＩＳＷは現在、非営利団体として運営されていますが、主な運営資金はジェネラル・ダイナミクスを含む防衛請負業者からの寄付によってまかなわれています。インテリジェンスの観点からは、情報を発信している機関の性格には細心の注意が必要です。ＩＳＷは、国際紛争への米軍の関与を増やすことを提唱しています。ＩＳＷの政治的立場は、戦車や兵器システムの製造に関わる資金提供者の利益と一致する傾向がありと言っていいと思います。

佐藤　そうならば、ＩＳＷは、資金提供者の利益や思想を代弁していることになる。ですから、その情報を鵜呑みにして連日公共の電波に乗せていいはずはありません。ＩＳＷは、世界の名だたるメディアを介して、どれほど安価なプロパガンダに成功しているか、日本のジャーナリストはそんな真相を知っているんでしょうか。

手嶋　ウクライナ戦争の「最新情報」を日報の形で提供してくれる機関は、メディアにとってとても便利な存在なのです。同時に日本のメディアが、ウクライナ戦争の報道を扱う場合は、日本の防衛研究所の研究スタッフの出演なくしては成り立ちません。彼らの解説は、さすがに専門家らしい、そのうえ分かりやすいものです。防衛省の傘下にいるわけですから、極秘のインテリジェンスに接して、ただそれに直に触れないように解説をしていると一般の方々は受け取っていると思います。佐藤さんも現役の主任分析官だったときにはそうしていたはずです。2022年末に自衛艦隊司令部の一佐が元海将に機密情報を漏らして摘発されましたが、そんなことになっては困りますからね。

佐藤　問題は、メディアに登場している防衛研究所のスタッフが、極秘や秘密指定のなされた公電に接することができないという事実です。もちろん秘密情報を持っている防衛省職員や自衛官から話を聞くことはあるでしょう。しかし、それは民間の研究者でもあることです。防衛研究所のスタッフは、秘密情報に接する機会を与えられていない。公開情報を基に報道している一般のメディアと同じ地平に立っていることになります。

手嶋　でも、視聴者は防衛研究所の職員なので、やはり極秘情報には接していると信じているはずですよ。

佐藤　そこが、戦争報道に携わる日本のメディアの底の浅さなんですよ。防衛省という看板を掲げている以上、〝知りすぎたひと〟と誰しも思いこんで、彼らのコメントを聞いているはずです。

手嶋　かつて戦場に赴いて当局から提供される報道を拠り所に報道に携わった経験から

いえば、戦争報道にはこころせよ！　と言わなければなりません。

ロシアとウクライナの「非対称な目標」

佐藤　ウクライナでの戦いを分かりにくくしているのは、ロシアとウクライナでは戦争の目標が非対称であることです。

手嶋　双方の目指すもの、手にすべき成果が、大きく違っているということですね。

佐藤　戦争には当然「これだけの成果を取る」という目標があります。ウクライナの場合は、当初、２０２２年2月24日以前に戻せ、第二次ロシア・ウクライナ戦争の前に戻せと言っていました。しかし、ゼレンスキー政権は途中からハードルを上げたのです。要するに14年の第一次ロシア・ウクライナ戦争前の国境に戻すという目標を掲げるようになった。

手嶋　確かに、ゼレンスキーは「クリミアも返せ」とはっきりと主張しています。

佐藤　一方のロシアも、実はハードルを上げているのです。最初は、実効支配していたドンバス地方、さらにはルハンスク、ドネツクの両州の住民を保護し、これを非軍事化することでした。これら2州の全域をロシアが獲得し、和平協定を結べば、ゼレンスキー政権は倒れてしまいます。そういう目標が、パッケージになっていたんですね。

手嶋　プーチンの視点にたてば、これらの目標はほぼ達成できた。それでも停戦にたどりつけないならば、さらなる成果をと考えたのでしょうか。

佐藤　そう、現状では、ルハンスク州はほとんど制圧し、ドネツク州も半分強ぐらいは占領した。なおかつ、そのまだ奪取していない地域を上回るぐらい、ザポリージャ州とヘルソン州に占領地域を広げる成果を得たと考えているのです。防衛研究所の庄司潤一郎主任研究官は、「ロシアは一時、ウクライナ全土の27％くらいまで占領しましたが、現在は20％程度の12・5万平方キロにとどまっています」（23年3月15日、朝日新聞デジタル）と述べていますが、全国土の20％を占領されているというのは深刻な事態です。ちなみに日本の陸地面積は37・8万平方キロメートルです。北海道（8万3000平方キロメートル）と九州（3万7000平方キロメートル）を足したのと同じ領土がロシアの制圧下にあるのです。

手嶋　プーチン政権は、こうした状況を踏まえて、22年10月5日、これら4州を強制的に併合すると発表しました。

佐藤　ロシアの領土はルイ十八世とかフリードリヒ二世が戦争によって獲得した比率より大きくなったと、フランスの歴史人口学者エマニュエル・トッドが言っています。要するに当初の目標を上回って達成したも同然で、その点でいつやめてもいい状態なのです。ただ、ヘルソン州、さらにはオデーサ州まで手にできれば、ウクライナの海岸線をすべて支配できる。プーチンとしては、ここまできたら、そこをゴールにしているのではないでしょうか。

手嶋　プーチンが目指す最大の成果がそれだとすれば、和平交渉のテーブルに載せる領土のメニューの最大値が見えてきました。ウクライナ、そして西側陣営にとっては、そこからどれだけ押し戻すか。そんな外交交渉のめども立ってきますね。もっとも、当のゼレンスキーは奪われた領土はすべて取り戻すと強気の姿勢を崩していませんが。

佐藤　プーチンだって、ロシアの国土はただですら広いのですから、これ以上拡張したら統治が大変だとわきまえているはずです。

手嶋　日本を含めた国際社会のためには、一刻も早く「撃ち方やめ」を実現して、ロシア、ウクライナ双方が、交渉のテーブルに着くことが強く望まれます。そのためには、希望的な観測を止めて、現在の戦況をクールに見ることが必要です。

佐藤　「ロシア軍は苦戦している」と西側のメディアはいいますが、ソ連崩壊から31年が経って、GDP（国内総生産）で測った経済力は韓国並みにもかかわらず、軍事的には、西側連合全部からの本格的な支援を受けたウクライナ軍と五分に戦えるぐらいの軍事国家になっている。それが今回の戦いで証明されました。私は、北朝鮮の拡大版、「巨大な北朝鮮」と見た方がいいと思うのです。だって、いまだ「弾切れ」を起こしていないわけでしょう。これは恐ろしいことで、そういう体制をあらかじめ作っていたということなんです。ロシアが、いかにそういう「異常な」国かということも、リアルにみておかなければならないと思うのです。

アメリカはウクライナを勝たせるつもりはない

手嶋　一方でウクライナのゼレンスキー大統領は、クリミア半島を含めたすべての領土の奪還を主張し、バイデン大統領もそれを支持すると述べています。たとえ和平交渉が持たれたとしても、両者の主張は大きく隔たっています。

佐藤　そう、ゼレンスキー大統領は、4州のロシアへの併合を認めた形で戦争を終結させたりしたら、自分が縛り首になりますから必死です。ただ、アメリカはウクライナが望むような勝利のシナリオは描いていない、とみるべきです。

手嶋　ウクライナで戦いが起き、国際秩序にかくまで甚大なダメージを与えてきた責任の一端は、超大国アメリカにあると言っていい。かつては、口先でウクライナのNATO加盟を支持すると言っていながら実際には何もせず、ウクライナのすべての領土の奪還がいかに困難かを知りながら、これまた口先で都合のいいことを繰り返す。この点でアメリカは、歴史の審判を受けなければならないと思います。

佐藤　ここは、ちょっとだけロシアの気持ちになって考えれば分かることです。今回の4州のみならず、クリミアまで奪い返されるのを、ロシアは黙って見ていられるのか。答えは、「断じて許すまじ」なのです。西側の支援を受けたウクライナが、クリミアに攻勢をかけてきた場合には、戦いのフェーズはさらに上がります。

現実問題として、ウクライナ軍単独でクリミア半島に攻め入ることは考えられません。その場合には、アメリカ軍を中心とするNATO軍による直接介入ということになるでしょう。事実上の米ロ衝突ですから、そのまま第三次世界大戦に発展してしまう公算が大きくなります。

手嶋　〝新クリミア戦争〟で、ロシアが劣勢を強いられれば、プーチン大統領は、核のボタンに手をかけるかもしれません。プーチンの内在論理に思いをいたして考えれば、核戦争の悪夢が現実になる恐れがあるのです。

佐藤　その可能性は十分にあるとみていい。当然、アメリカはそれを理解しています。ロシアのような国はけしからん、アメリカがつくりあげた国際秩序を乱すことができないようにしてやりたい。これが彼らの本音でしょう。ただ、そこには「第三次世界大戦を招かぬように」という制約条件が付く。つまり、戦域はあくまでウクライナにとどめておかなくてはならない。

手嶋　佐藤さんが指摘した「アメリカはウクライナが望むような勝利のシナリオは描いていない」というのはまさしくそれなのですね。ウクライナを支援はするが、本気で勝たせてしまえば、新たな世界大戦を招いて、アメリカの命取りになりかねない。だから、ゼレンスキーが望むようなシナリオを認めるつもりはない――。非情ながら、合理的な思考です。

佐藤　別な表現でいえば、ウクライナを勝たせることは構造的にできない、ということです。

手嶋　一方で、世界大戦のリスクは避けたいと考えながら、巨額の資金をはたいて武器の供与はウクライナに続けている。そんなアメリカの胸の内をどう読みますか。

佐藤　ワシントンの視点にたてば、この戦いはウクライナとロシアの間接戦争でした。それがいまや、ウクライナ・西側連合対ロシアの直接対決に近づいています。そのプロセスで、アメリカは、今回の戦争が「使える」ことに気づいたのだと思います。ウクライナでの戦争が長引けば長引くほど、ロシアは疲弊していくと考えるようになったのです。

手嶋　超大国アメリカとしては、民主主義と相いれない価値観を持つ「プーチンのロシア」と直に戦争を構えなくても、ロシアの国力をおおいに殺《そ》ぐことができると思い至ったということですね。

佐藤　しかも、アメリカが現地に送っているのは兵器のみで、自らの将兵の血を流すことはありません。戦争で死ぬのは、両軍兵士とウクライナの民間人だけです。誤解を恐れずに言えば、アメリカは、ウクライナをけしかけて戦わせることで、「ならず者」ロシアの弱体化を実現することができるわけです。フランスの歴史人口学者であるエマニユエル・トッドは、「ロシアに対する経済制裁によって、ヨーロッパ経済、とくにドイツ経済が麻痺していくことについても、ひそやかに満足感を味わっていることでしょう」と『第三次世界大戦はもう始まっている』（著・エマニュエル・トッド、翻訳・大野舞、２０２２年、文春新書）のなかで指摘しています。ドイツはウクライナ支援のための軍事支出を増やさなければならないのみならず、ロシアから得られなくなった天然ガスに相当するＬＮＧ（液化天然ガス）をアメリカから高い値段で買わなくてはなりません。この戦争によってドイツが弱体化するというトッドの指摘は鋭いと思います。

手嶋　佐藤さんはモスクワで、私はワシントンで、永きにわたった東西冷戦の終焉を見届けました。あのとき、超大国アメリカは、民主主義が勝利して自由の理念に世界が染めあげられていくというユーフォリアに包まれていました。しかし、いまやプーチンのロシアが力で隣国の領土を奪い、ドイツもその引力に引き寄せられているように見えた。そんな〝プーチンのロシア〟をイラクやアフガンでの戦争のようにアメリカ兵の血を流さずに弱体化させることができる、そう考えている。

佐藤　ですから私は、この戦争を、「アメリカにより管理された戦争」と呼んでいます。供与する武器は、手を替え品を替え、ＮＡＴＯ諸国もコントロールしながら、秩序に逆らったロシアの侵攻を食い止める。しかし、ウクライナに第三次世界大戦のレッドラインは、絶対に越えさせない。繰り返しになりますが、この戦争におけるアメリカの真の目的は、ロシアの弱体化です。ウクライナは、その道具に過ぎません。

「在庫一掃セール」で潤うアメリカ軍産複合体

手嶋　超大国アメリカは、ウクライナの戦域には、直接には一兵も送らず、離れたところから戦争を管理し、ロシアを弱らせている。まことに狡猾としか言いようのない国家戦略です。その一方で、この戦争にアメリカは莫大な戦費を投じています。バイデン大統領は、2022年末にウクライナに対する18億5000万ドルの追加軍事支援を発表しました。ドイツ民間機関「キール世界経済研究所」がまとめた22年1月24日～11月20日の財政支援を含む軍事支援の総額は、アメリカの支援規模が日本円にして3兆2000億円を超え、2番目の英国の約5700億円を5倍以上も上回っています。間接的な援助を含めれば23年の半ばには10兆円に達するという観測もでています。

佐藤　アメリカ国内からも疑問の声が上がっています。22年11月の中間選挙の前には、共和党の下院トップであるマッカーシー院内総務が、「ウクライナに白紙の小切手をもう切らせない」と発言して、物議を醸したりもしました。

手嶋　アメリカという国には欧州の汚れた政治には関与したくないという〝孤立主義〟の遺伝子が組み込まれていますから。その一方で、戦争の長期化で笑いが止まらない人たちがいる。それが軍産複合体です。アメリカの陸海空軍は巨大な軍需産業と結び付き、強大な政治勢力となっています。巨額の軍事支援は、彼ら軍産複合体にとって〝特需〟そのものです。

佐藤　今度の戦争は、アメリカの軍産複合体が周到に用意して仕掛けた——そう言ってしまえば、怪しい陰謀論になるでしょう。しかし、ひょんなことから始まった戦争が思いのほか長期化した結果、軍産複合体が濡れ手に粟で巨利を貪ることになったのは、厳然たる事実です。また、軍産複合体に資金を提供しているアメリカの金融資本にとっても大儲けのチャンスとなっています。

手嶋　かれらにとっては、景気後退などどこの国のことと映っているはずです。弾薬などは一定期間が過ぎれば廃棄せざるをえないのですが、降って湧いたように格好の使い所ができ、新鋭の兵器については、これ以上はない実験場が提供されたのですから。

佐藤　軍事技術の更新が進んで陳腐化した場合も、普通は旧来の兵器は廃棄されます。

手嶋　ところが、ウクライナの戦域では、そんな「中古品」も一気に使ってくれ、米軍には新鋭の兵器が補給されていますから、軍需産業にとっては笑いが止まりません。

佐藤　さながら「在庫一掃セール」です。例えば、アメリカがウクライナに1600基以上支援したスティンガーミサイルがその典型例です。戦闘員が肩に担いだり、ヘリコプターから戦闘機などを狙ったりするアメリカ製の兵器です。

手嶋　携行式の地対空ミサイルで、ウクライナ戦争の緒戦で、ロシア軍の戦闘ヘリなどを撃破して、劣勢を挽回するのに目覚ましい働きをみせました。

佐藤　あれは、1988年のアメリカ映画『ランボー3　怒りのアフガン』に出てくる代物です。70年代から開発が進められましたから、ざっと「50年もの」ということです。

手嶋　兵器の生産は、需要と供給という市場原理に基づいて行われるわけではありません。従って、兵器が市場にあふれて需要がなくなるということがない。ですから、軍需生産はアメリカの景気にプラスに働くと経済学者は指摘しています。

佐藤　マルクス経済学では、消費物資が生活必需品と奢侈品に分かれます。例えば、工場で衣類とか靴とかを生産するための機械は、生活必需品のほうに入っているわけです。でも、軍事に関係するものは、奢侈品に入るのです。軍事というのは、労働者階級の生活に関係がない。資本家階級が、自分たちの生活を維持するために必要なものなのだから、奢侈品。何が言いたいかというと、奢侈品は金細工と一緒で、「値段がない」のです。

手嶋　「在庫一掃」とはいえ、プライスレス。とにかく捌けてくれれば、大きな利を得ることができます。日本経済にとって永続的に効果のある産業は二つあると米国人の経済学者から聞いたことがあります。英会話産業とダイエット産業です。この二つは、市場で飽和状態になることがない。日本人の英会話は、ウラル・アルタイ語族に属するハンデから、いくらやっても上達しない。ダイエットもすぐにリバウンドしてお客は尽きない（笑）。アメリカの軍需産業も同様で、いまのところ需要は青天井です。

佐藤　アメリカの軍需産業にはいま、さらなる追い風が吹いています。日本政府が、中国のミサイル攻撃を想定して、反撃能力を高めるためにアメリカからトマホーク巡航ミサイルを大量に購入するとしています。

手嶋　向こう5年間で43兆円を支出し、防衛費を対GDP比2％に高めようとしています。敵基地を攻撃する能力の中心にアメリカ製のトマホーク巡航ミサイルを４００基も調達する計画です。

佐藤　防衛費をＧＤＰ比で２％に高めると言いますが、防衛費の大半は人件費です。人件費を大幅に上げることなどできませんから、必然的にアメリカからたくさん「お買い物」をしなければならなくなります。

手嶋　でも、何のために買い物をするのかという戦略が必要です。しかし、岸田内閣の安全保障政策は、輪郭がぼやけています。「戦略なき防衛費の膨張」は、日本にも劣悪な軍産複合体を育んでしまい、不透明な兵器ビジネスがはびこり、政治の中枢を汚染することになる危険性があります。

佐藤　すでに兵器汚職の兆候があると警告する政府の高官もいます。心配です。

手嶋　ウクライナに話を戻せば、お話ししたような背景から、戦争で現に潤っていて、その継続を望む人たちもいる、という事実は認識しておく必要があります。

佐藤　メディアで報じられていることも、発信元の情報にそういうバイアスがかかってはいないのか、細心の注意を払うべきでしょう。

第2章
ロシアが侵攻に踏み切った真の理由

ウクライナの災厄を招いた米国の錯誤

手嶋　ウクライナ東部のルハンスク州、ドネツク州の住民を擁護し、非軍事化する——プーチンは、こうした名分を掲げて侵攻に踏み切った。佐藤さんの指摘どおりなのですが、これは今回の侵攻での「戦争目的」にすぎません。ここに至る経過は永くて複雑です。日本から見ると遥かに遠くの出来事だったのですが、それへの理解なくして、我々の暮らしに絶大な影響を及ぼしている〝プーチンの戦争〟の本質を見極めることはできません。

佐藤　そう、2022年2月24日を起点にしている限り、「すべてはプーチンの非、国際法を蹂躙し、主権国家を侵略したロシアに責めはある」ということになる。しかし、現代史の襞《ひだ》に分け入ってみると、異なる風景が見えてきます。

手嶋　現下の悲惨な戦争、しかも核戦争の危険を孕《はら》んだこの戦いを一刻も早くやめさせるためには、この戦争がなぜ起きたのか、これまでの経緯を知っておくことがなんとしても必要なのです。

実は東西冷戦が終わって以来、「このままでは西側陣営はロシアと戦争になる」と訴え続けてきたひとがいました。シカゴ大学教授のジョン・ミアシャイマーです。NATOが勢力を東に拡大し続け、ロシアを追い詰めれば、かならずやロシアは牙を剝くと。結果は果たしてそのとおりになった。ミアシャイマーは「ウクライナ戦争を引き起こした責任は西側諸国、とりわけアメリカにある」と主張し、激しい論争を巻き起こしました。

佐藤　戦いの大義はウクライナにあり——という単純な大本営発表とは、着眼が全く異なります。ミアシャイマーはアメリカの陸軍士官学校を卒業して空軍に勤務した経験がある元軍人です。イデオロギーではなく、あくまでリアリズムに徹して、大国間のせめぎ合いを分析する「攻撃的現実主義」を標榜しています。ロシアを代表する国際政治学者のドミトリー・トレーニンや、フランスの歴史人口学者エマニュエル・トッドも、今回の戦争に関しては、ミアシャイマーと同じような見立てをしています。彼らに共通するのは、「自由と民主主義を守る戦い」といった価値観をひとまず置いて、あくまでもリアルな「力と力の均衡」から現在の状況を見ようとしていることです。

手嶋　東西冷戦の終焉のときから、私は西側陣営を率いるホワイトハウスで、そして佐藤さんは東側陣営の盟主だったクレムリンで、現代史の瞬間を目撃してきたため、日本の論者とは異なる風景が見えているのかもしれません。なにもミアシャイマー教授の言説にすべて賛同しているわけではないのですが、今次のウクライナの戦いには長い前奏曲が奏でられ、その過程で超大国アメリカの対ロ外交は大きな錯誤を犯したのは紛れもない事実です。

佐藤　冷戦後の東西対立という視点から捉えるミアシャイマーの視点は、この戦争の本質を突いて鋭いものがありますね。

手嶋　我々もいったん冷戦終結の時点に遡って考察してみましょう。永く果てしなく続くかに思われた東西冷戦は、ベルリンの壁の崩壊とそれを受けたマルタ会談であっけなく終わりました。1989年12月、アメリカ大統領のジョージ・H・W・ブッシュと旧ソ連の共産党書記長ミハイル・ゴルバチョフは、地中海に浮かぶマルタ島に赴いて首脳会談に臨み、冷戦の終結を高らかに宣言しました。

私はホワイトハウス特派員として歴史的な瞬間に立ち会いました。あの日、マルタ島沖はその後の先行きを暗示するように大嵐に見舞われ、会談場所となったマクシム・ゴーリキー号に米海軍の巡洋艦は横づけすることができませんでした。待ち受けていたゴルバチョフは、顔を真っ赤にして、「米国は超大国と豪語しているが、これしきの嵐でなぜ来られないんだ」とホワイトハウスの同行記者団に怒りを露わにしたことを忘れられません。

佐藤　2年後の91年8月には、クーデター未遂事件が起きて、ソ連は崩壊します。この歴史的な事件をクレムリンで目の当たりにしました。このときも、日本の外務省のロシア・スクールやメディアは、保守派のクーデターは成功すると読んでいたのですが、私は異なる情報や見立てを東京に打電し続けました。結局クーデターは失敗し、共産党は国民の信頼を失います。この年の末、ソビエト連邦は解体を余儀なくされ、それに伴ってNATO（北大西洋条約機構）に対抗してソ連、東ドイツ、ポーランドなどが結成したワルシャワ条約機構も解体されました。

手嶋　このとき、西側陣営は「国際社会の脅威はこれで消え去った」と勝利に酔いしれ、ワルシャワ条約機構が消滅した地域にNATOを拡大していきます。

佐藤　これについても、ロシアの視点から見ると分かりやすい。NATOは、99年の第

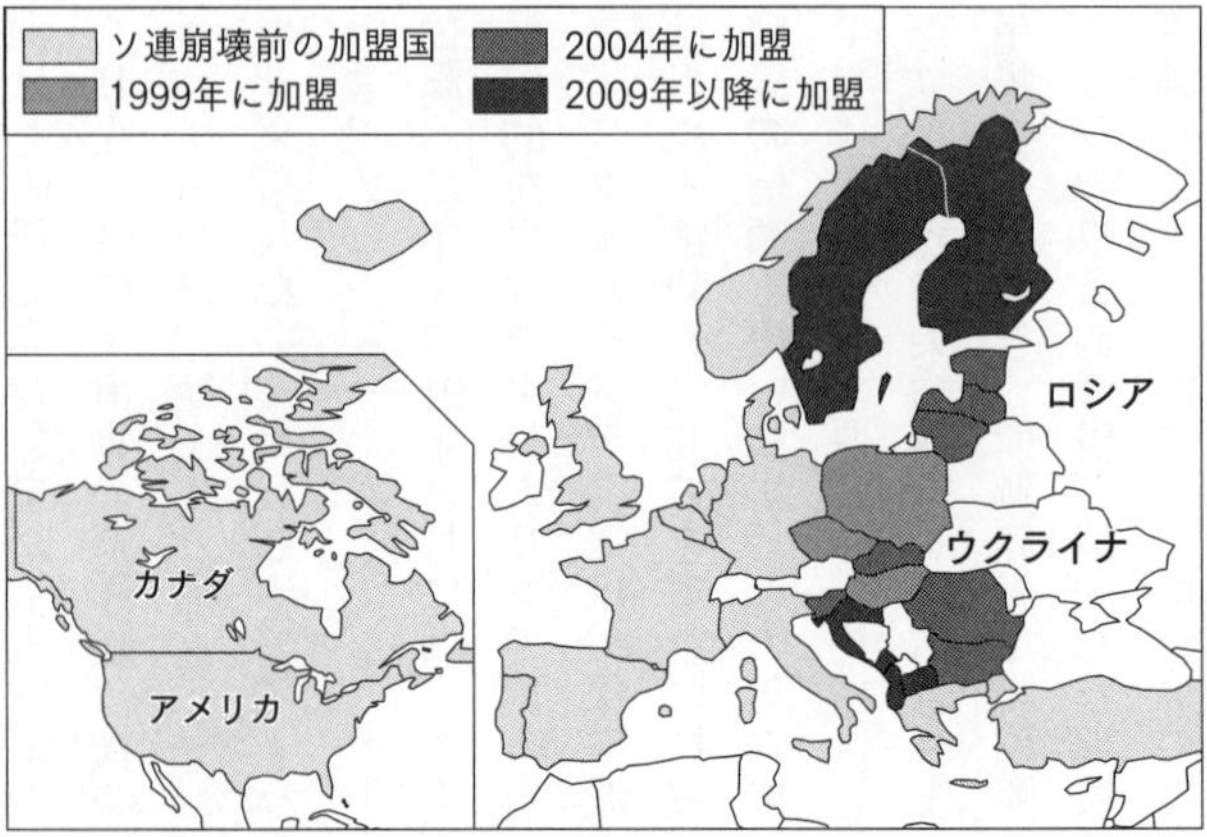

NATOの拡大
※ドイツは加盟当時西ドイツ

四次拡大で、ヴィシェグラード三国（ポーランド、チェコスロバキア、ハンガリー）をまず加盟させます。このときロシアは、バルト三国（エストニア、ラトビア、リトアニア）には拡大するな、これが〝レッドライン〟だと抗いました。にもかかわらず、2004年には第五次拡大に乗り出し、問題のバルト三国に加え、スロバキア、スロベニア、ブルガリア、ルーマニアの計7ヵ国を取り込んでしまった。ロシアが「越えてはならない」といってきた一線を越えてきたわけですね。

手嶋　いまや民主主義が旧東欧圏をあまねく染めあげていく。そんな根拠なきユーフォリアがアメリカから国際政局のリアリティを奪い取り、NATOは東へ東へと進んでいきました。冷戦の勝者はまことに鈍感だったと言わざるを得ませんでした。

佐藤　加えて、ロシアがあれほど抗ったバルトへもNATOを拡大したことで、アメリカには、ロシアが唱える〝レッドライン〟も強く押せばいくらでも変わるという成功体験が刻みこまれてしまったわけです。

これと並行して旧東側諸国は次々にEU（欧州連合）に加盟し、いわゆる「色の（カラー）革命」というロシアにとって由々しき事態が同時進行していました。03年のジョージアでは「バラ革命」が起き、シェワルナゼ大統領から親米派のサーカシュヴィリ大統領が誕生した。翌04年にはウクライナで「オレンジ革命」が起き、これまたクチマ大統領から親米派のユシチェンコ大統領が誕生します。続く05年には、キルギスで「チューリップ革命」が起きて、アカエフ大統領からこれも親米派のバキエフ大統領が生まれました。

手嶋　旧ソ連圏は、バラ、オレンジ、チューリップといった色とりどりな花で埋め尽くされたのですね。しかし、ロシアの視点からすれば、遥か彼方に見えていた炎がわが身に迫ってくるとさぞかし脅威に感じたでしょうね。

佐藤　でも、冷戦の勝者には、相手の視点に立ってヨーロッパの地図を眺めるといったリアル・ポリティークの感覚が喪失していた。これが後に悲劇を生むことになります。

2008年、ジョージアの砲声

手嶋　その悲劇の原点は、2008年だった。ロシア軍が、当時のグルジア（現ジョージア）に侵攻したのです。しかし、日本では関心がまことに希薄でした。おりしも北京で夏のオリンピックが開催されており、遥かに離れた欧州の片隅であがった火の手が、後にウクライナを舞台にこれほどの災厄をもたらすことになると考えたひとはいなかった。現地の戦闘はごく短期間で収まったこともあり、一過性の変事と考えたのでしょう。しかし、このロシアとグルジアの軍事衝突は、冷戦の終結後、ヨーロッパで初めて起きた動乱でした。南オセチアというグルジアのなかの「国家」をめぐってあがった8月の砲声こそ、西側陣営とプーチンの熱き戦いの狼煙だったのです。

佐藤　ご指摘のとおり、08年こそ危機の年でした。少なくとも、ここを大きな節目として立ち返って考察をスタートできるかどうか、分析のプロフェッショナルかそうでないのかがはっきりしますね。

手嶋　後にジョージアと呼ばれるこの国は、かつてはソビエト連邦の一員でした。ソ連崩壊に伴って共和国として独立を果たします。ロシアとの国境は5000メートル級の大コーカサス山脈によって隔てられています。その峻険な山並みを「ロキ・トンネル」という山岳トンネルが貫いている。標高は実に2000メートル。ロシア領の北カフカースからジョージア領の南カフカースに抜けることができます。

08年8月8日の早朝、ロシア軍の精鋭部隊がこの「ロキ・トンネル」の出口から続々と姿を見せました。ただ、後の欧州安全保障協力機構（ＯＳＣＥ）の報告などを読むと、ロシア側が先制攻撃を仕掛けたのではなく、ジョージア側がまず戦端を開いたと指摘しています。

佐藤　そう、南オセチア自治州は、ジョージア領内にあるものの、実効支配は及んでいなかった。ここにジョー

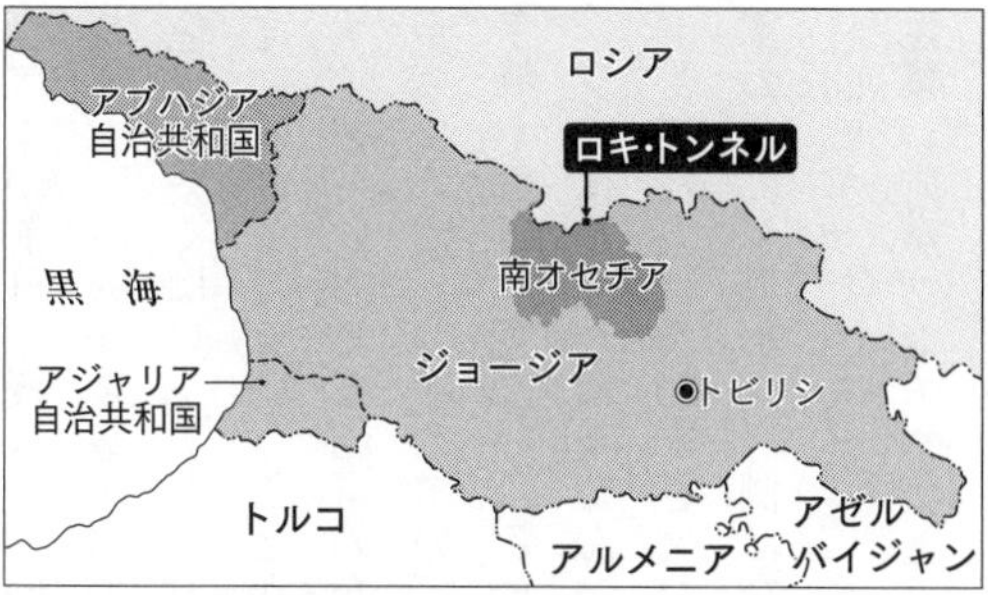

ロキ・トンネルの位置

ジア軍が前日に侵攻しているのです。南オセチアではイラン系民族でキリスト教徒であるオセット人が多数を占めており、他にはグルジア人、ロシア人などがいます。しかも住民の多くはロシアとジョージアのパスポートを持っている。ロシアが二重国籍を認めているのでこういうことが起きるのです。従って住民の多くがロシア国民でもあるんです。彼らは同じく国家のなかの国家であるアブハジア自治共和国と連携し、ジョージアからの分離・独立を求めていました。

手嶋　軍事衝突にいたる経緯はまことに込み入っています。先に手出しをしたのはジョージア軍かもしれませんが、ウラジーミル・プーチンのきわめて巧みな手並みで、ジョージアに先制攻撃をさせたとも考えられる。戦いは、国境を電撃的に越えてきたロシア軍の前にジョージア側はなすすべもなく、戦闘は5日で終わってしまいます。そう「5日間戦争」だった。

佐藤　何がプーチンに軍事侵攻を決断させたのか。〝8月の砲声〟があがる4ヵ月前、ルーマニアのブカレストでNATO首脳会議が開かれました。その首脳宣言は「NATOはウクライナとジョージアがNATOの一員になりたいという希望を歓迎する。我々は、今日、両国が将来的にNATOの一員になることに同意する」と述べています。N

ＡＴＯの正式な決議ではないものの、ウクライナとジョージアをＮＡＴＯに迎え入れるという基本的な方向が示された。これはプーチンの虎の尾を踏むきわめて危うい振る舞いでした。

手嶋　冷戦に勝ったという超大国アメリカの驕りがこの首脳宣言から読み取れます。私はワシントン特派員としてブッシュ政権を担当していましたからそう思います。外交記者の立場からみてこの宣言はいくつもの危うさを内蔵していました。まず、ウクライナとジョージアをＮＡＴＯに迎え入れると宣言は述べていますが、単なる希望の表明に過ぎない。ＮＡＴＯに加盟するには厳格な条件と手続きが必要で、両国はその条件を必ずしも満たしていません。国内に紛争や領土問題を抱えていれば加盟できない。アメリカもそんなことは百も承知だったのですが、対ロ外交でなにか実績を残しておきたいと考え、加盟を実現する確かな見通しもなく、そのための外交努力もしないまま、宣言に盛り込んでしまった。実態なき〝言の葉外交〟の悪しき事例です。超大国の外交としては、これだけはしてはいけない、という典型です。

佐藤　はたして、プーチンの激烈な怒りを招くことになってしまった。ＮＡＴＯがウクライナを呑み込んでさらに東に迫ってくる。これはロシア存亡の危機であり、もはや我慢の限界だと。そして言葉どおり、ジョージアが先制攻撃を仕掛けてきたのに乗じて、国境のトンネルを通って武力侵攻にでたのでした。そして南オセチアとアブハジアの独立を承認しました。二つの地域は西側諸国が未承認の「国家のなかの国家」となりました。

手嶋　アメリカ外交には、相手国の内在的な論理に鈍感な荒っぽい遺伝形質があり、時にそれが噴出してしまう。ロシア側があれほど反対したバルト三国もNATOに組み入れられ、最後の緩衝地帯とみなすウクライナとジョージアにも手をつけようとしている。ロシアは柔らかい脇腹にドスを突きつけられたと受け取ったのでしょう。ドイツのメルケル首相とフランスのサルコジ大統領は、そうした機微に少しく通じていましたので、はっきりと異を唱えたのですが、アメリカ側の強い姿勢に押し切られてしまいます。

佐藤　あそこが、現代史の岐《わ》かれでした。ジョージアにあがった〝8月の砲声〟こそ、いまのウクライナの戦争をまさしく先取りしていたとみるべきでしょう。

　ちなみに、ジョージアのNATO加盟実現を目指し、親欧米政策を進めた当時のミヘイル・サーカシュヴィリ・ジョージア大統領は、ウクライナとアメリカに留学した経験があります。両国との関係が非常に緊密で、ウクライナのペトロ・ポロシェンコ大統領時代には、サーカシュヴィリは顧問として同国の国政に関わっていました。

手嶋　その意味でも、あのジョージアの変事を理解することなく、今日のウクライナ情勢を読み解くことはかないません。

プーチン返り咲きの契機となったジョージア戦争

佐藤　ジョージアでの軍事衝突は、国際政局だけでなく、ロシアの国内政治にも大きな影響を与えました。当時のロシアは、ドミートリー・メドヴェージェフ大統領の時代でした。プーチンは2000年5月から2期8年にわたって大統領を務めましたが、ロシア憲法の規定で連続の3選は禁じられていたため、08年5月には、メドヴェージェフにその座を譲り、自らは首相の座に就いていました。

手嶋　プーチンが、憲法改正に手を染めて、大統領に居座るのではともみられていましたが、形の上では降格して首相となりました。

佐藤　ですから、ジョージアが南オセチアに侵攻したときには、軍事を統括する大統領はメドヴェージェフだったのですが、彼は夏季休暇でヴォルガ川にいました。

手嶋　ということは、そもそもメドヴェージェフはジョージア侵攻に深く関わってはいなかった？　そして一方のプーチンは、北京オリンピックの開会式典に参加していて、クレムリンを留守にしていたんですね。

佐藤　そうです。ジョージアがその間隙を突いたという観測もあるのですが、いずれにしても、軍事、外交、インテリジェンスは大統領の専管事項です。首相であるプーチンは、大統領の命に従う立場にある。しかし、実際はプーチンが中心になってジョージアの戦争処理にあたりました。当時のロシアは、タンデム体制、つまり二頭政治といわれていましたが、実態は国家の運営、外交・安保を含めてプーチンに依存していることが、ジョージアの戦争で浮き彫りになりました。

手嶋　当時のアメリカのインテリジェンス当局も、ジョージア戦争では、メドヴェージェフ体制下にもかかわらず、重要な外交・安保に関する報告はプーチン首相に行われ、彼の最終的な裁可を得て事が進んでいたとみていたようです。

佐藤　ジョージアとの戦争を機にプーチンの存在感がさらに高まりました。裏を返せば、メドヴェージェフでは、この手の難題を十分処理しきれないことがはっきりしてしまったわけです。あの戦争によって「メドヴェージェフ政権は一期限り」と決まったのではないか、これが私の見立てです。

手嶋　プーチンの代役としては、いかにも荷が重かったのですね。

佐藤　そう思います。そうした経緯で、わずか4年で大統領に返り咲いたプーチンは、今度は辞めるに辞められない状況になってしまった。超長期政権下では、だんだん煮詰まっていくリスクもあるわけで、その一つの分かれ目になったのが今回のウクライナでの戦いだったように思います。

クリミア併合の背景にあったウクライナの右傾化

手嶋　ジョージアの地に響きわたった〝8月の砲声〟から6年後の2014年、NATOの東方拡大を巡るロシアの反撃の第二幕が上がります。クリミアへの電撃的な侵攻です。

佐藤　このきっかけになったのは、13年11月からウクライナで始まった「マイダン革命」です。その結果、親ロシア派のヤヌコヴィチ政権が倒され、翌14年2月に親欧米政権が誕生しました。

手嶋　ロシアのプーチン政権にとっては、実に手痛い政権交代となりましたね。この政変劇には、アメリカの国務次官補だったビクトリア・ヌーランドらが、ウクライナのアメリカ大使館を拠点に露骨に介入したと言われています。そう、戦争研究所（ＩＳＷ）を立ち上げたケーガン一族のロバート・ケーガンの妻です。

佐藤　旧日本長期信用銀行傘下の長銀総合研究所在職中に、ウクライナの経済改革委員会に入って通貨の発行に関わった西谷公明さんという専門家がいます。彼が『世界』（岩波書店）に書いた二つの論考は非常に正確です。マイダン広場で革命側が銃撃戦の火ぶたを切ったのですが、その行動にアメリカがかなり深く関与していたと記しています。このことは、日本では通説になっていないのですが。

手嶋　そういうことも含めて、ロシアのプーチン政権はこれを「クーデター」だとして強く非難したのですね。

佐藤　その後、ウクライナの政治において、民族主義的な傾向が一気に強まります。実はこれには、ウクライナという国が三つの「異なる地域」から成り立っていることが深く関わっています。革命を起こした反政権側は、ウクライナ西部のガリツィアを拠点とする反ロシア的な民族主義勢力です。

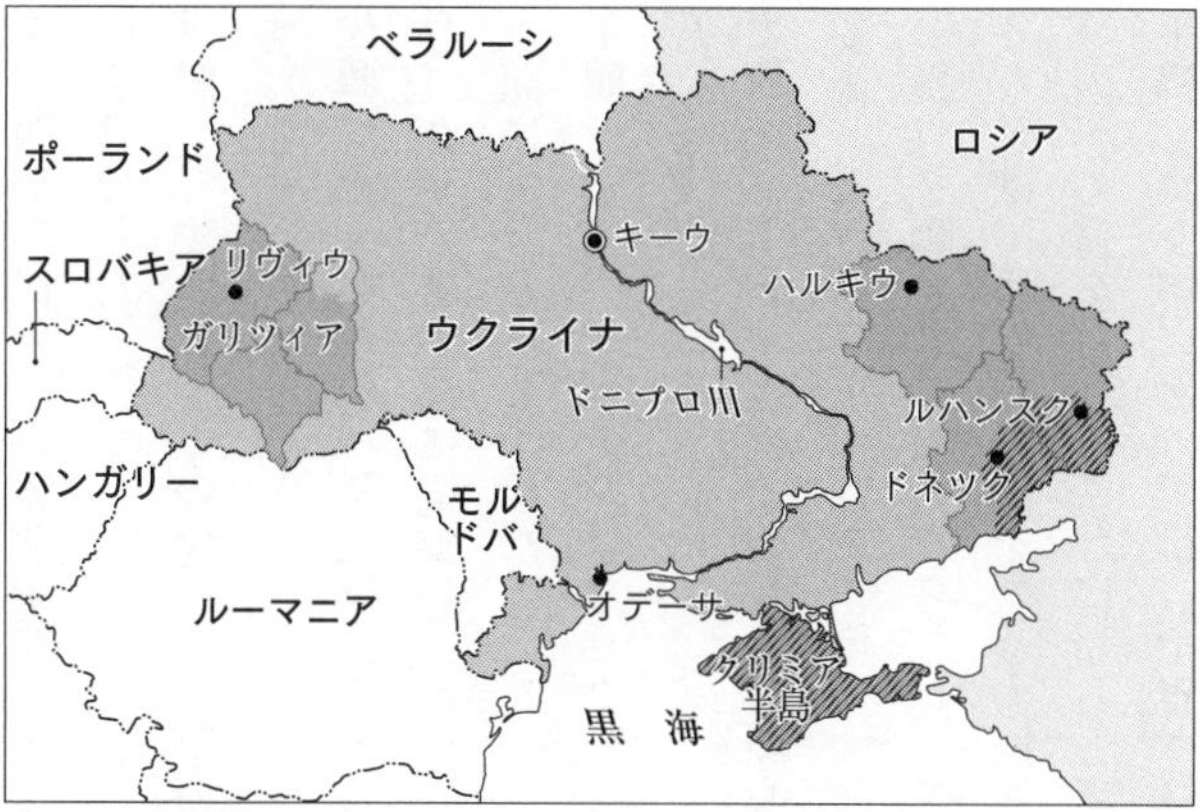

ウクライナ全図

手嶋　ローマ教皇の謝罪のくだりで、ガリツィア地方は、カトリックの勢力圏だと説明しましたが、まさしくウクライナ・ナショナリズムの揺籃の地ですね。

佐藤　そうです。一方、今回の戦争の舞台となっている東部から南部の黒海沿岸地域は、親ロシア、ノヴォロシアといわれ、歴史的にもロシア人が多く、ロシア正教の影響力が強いのです。そして首都キーウを中心とする中部は、ロシア系、ウクライナ系の両方の人たちが混ざっている。そしていま一つが反ロシア感情を抱く西部のガリツィア。このウクライナの構造については、次章でも詳しく解説したいと思います。マイダン革命は、東部ノヴォロシアに権力基盤があったヤヌコヴィチを、西部の民族主義者を中心とする勢力がアメリカの後ろ盾を得て打倒したという性格のものでした。

手嶋　ですから、このマイダン革命を機に、ウクライナは反ロシアに傾いていくわけですね。

佐藤　そうした現状に危機感を募らせたロシアが、革命の混乱が収まりきらない14年3月、クリミア半島に電撃的に侵攻し、「クリミア共和国」としてロシア連邦にあっという間に併合してしまった。

手嶋　さて、プーチンはなぜクリミアを狙ったのか、その意図を読み解いていきたいと思います。

佐藤　プーチン大統領の最大の関心は、クリミア半島というより、ずばり黒海に面した要衝、セヴァストポリの軍港です。ウクライナの政権が親NATO化して、この戦略上の拠点を奪われでもしたら、ロシアは未来永劫、黒海へのアクセスを喪《うしな》ってしまう。そうなれば、西半分の海を失うも同然。セヴァストポリが敵の手に陥《お》ちれば、ロシアは三等国への道をたどることになると考えたのでしょう。

手嶋　ロシアにとっては、セヴァストポリの軍港は、19世紀のクリミア戦争がその象徴ですが、文字どおりのロシア民族の血で贖《あがな》った要衝です。とはいえ、ロシアは彼の地をウクライナから借り受けていたにすぎませんから、主権国家の一部を武力で奪い取るなど許されることではありません。

佐藤　それは間違いありません。このときも今回のウクライナ侵攻のときと同様、国際法を濫用しました。このときロシアは、ロシア系住民を中心とするクリミア自治共和国が、ウクライナから独立するという動きを支持します。住民投票で圧倒的な賛成を得て、クリミア共和国として独立するやいなや、ロシアはクリミア自治共和国とセヴァストポリ特別市をロシア領に編入する条約を結んで、プーチン大統領は編入を宣言しました。これはウクライナと西側諸国から、第二次世界大戦後に確立した国際ルールを変更しようとする挑戦として非難を浴びましたが、一応、理屈はつけているんです。完全無視はしていないところが、ソ連時代からの伝統と言えなくもない。日本は満州国を作るときに、国際法のことなど配慮の外だったのでしょう。ロシアは、必ず屁理屈を考えるんです。

手嶋　確かに、ロシアは、クリミアを強制的に併合するにあたって、ロシアへの編入の是非を問う住民投票をやっていますね。

佐藤　国連憲章で定められた民族自決権に基づいた意思の確認だというわけですね。内実は、「自警団」を称する国籍不明の軍隊、実態はロシア軍が実効支配するなかで行われたわけですが、たとえ完全に自由な住民投票をやったとしても、ロシアへの併合の賛成が大多数を占めたと思います。ウクライナよりロシアの支配下に入るほうがいい。とりわけ西部のウクライナ・ナショナリストが支配するウクライナなどまっぴら御免という感じだったはずです。

クリミア半島はなぜウクライナ領なのか

手嶋　クリミア半島は、ヤルタにロマノフ王朝のリヴァディア離宮があったことからも分かるように、ロシア人にとっては温暖な保養地であり、地中海を扼《やく》する戦略上の要衝でもありました。そのクリミア半島が複雑な経緯を経てとにもかくにもウクライナ領となった。プーチンは、2014年、そのクリミアを武力で奪い取ったのですから、あらゆる国際法規に反していることは疑いを容れません。ただ、歴史を遡ってみると、クリミアの地がウクライナに属していることがそもそも自然だったのか、大いに議論の余地はありますね。

佐藤　そのとおりです。1954年に、「ペレヤスラフ協定300周年」を記念して、当時ソ連の最高指導者だったニキータ・フルシチョフが、ロシア共和国の領土だったクリミアをウクライナ共和国に割譲したわけですから。

日本でいうと、伊豆七島はもともと静岡県だったじゃないですか。

手嶋　ああ、そうでしたか。不覚にも知りませんでした。

佐藤　だって「伊豆」なんですから。1878年1月、伊豆七島は東京都に移管されています。主として国防上の理由です。ところがクリミアは、戦略的な要衝だからと東京都に所属していた伊豆七島を静岡県に移してしまったようなものです。

手嶋　フルシチョフはいったいなぜそんなことをしたのでしょうか。

佐藤　フルシチョフの気まぐれだろうと言う人が多いのですが、それでは合理的な説明になっていません。第二次世界大戦では、ナチス・ドイツと組んでソ連に銃口を向けるウクライナ人もいました。そうしたことも踏まえて、ウクライナに対する融和政策の一環として、クリミアを贈与したのです。フルシチョフはロシア人ですが、長くウクライナで暮らし、首相も務めた経歴の持ち主でもありました。

歴史を振り返ると、当地には15世紀の半ば、モンゴルの手でクリミア・ハン国が建国されます。彼らはものすごく屈強で、何で飯を食っていたかというと、基本は奴隷ビジネスと略奪です。いまのキーウの方まで出かけて行って、ウクライナ人をさらってくる。特に女性を中東に売りに出すのが、いいビジネスになっていたのです。ペレヤスラフ協定というのは、1654年にそのクリミア・ハンとロシアが結んだ同盟です。

手嶋　「ペレヤスラフ協定の締結300周年を記念して、ウクライナ共和国にクリミアを移管した」というのは、特別な政治的な意図があったわけですね。

佐藤　そのとおりです。ソ連時代には、クリミアは一大リゾート地になりました。そこが自分たちの国に移管されたことで、ウクライナは大きなメリットを得たんですよ。労働者や公務員が夏に休みを取って訪れるリゾートホテルのチケットというのは、共和国ごとで管理します。その割り当てが大きくなりますから、福利厚生面からみても、自国の中にある方が圧倒的に有利なのです。

ちなみにソ連時代、いまはもう少し短くなりましたが、ロシア人は2ヵ月休暇を取ることができました。一度にみんな休むと機能がマヒするので、6月から9月までに分けて取るわけです。そして、たいがい夫婦は別々に休暇を取り、夏の間だけ別の相手を見つけて、思いきり充電して帰ってくる。1年の間、そこだけは「別会計」という感じなのです。そのひと夏の関係をモスクワに持ち帰ったりすると、大変なことになるのですけど。(笑)

手嶋　当時の若き日の佐藤さんは、2ヵ月も休んでいたとは思えないのですが、要人もいなくなったモスクワに居残っていたのですか？

佐藤　彼らのいそうなところに出没したりすることはできません。なぜなら、そういう場所のチケットを我々は買えなかったのです。そこは、完全にソビエト連邦の人間だけで占められた閉鎖空間でした。我々は、インツーリスト（外国人旅行会社）のホテルにしか泊まれない。このインツーリストのホテルには、逆にソ連人はあまりいないのです。

手嶋　面白いなあ。佐藤さんほどのプレーヤーでも、夏の休暇中は情報源にアクセスしにくかったのですね。その裏にロシアのバカンス事情あり、というわけですか。

佐藤　ロシア人は、この夏のバカンスのために我慢して働く、というところがありました。

このように、クリミア半島は、民衆からすれば夏のリゾート地であり、国家のエリートたちからみれば、黒海にアクセスできる要衝でした。ソ連時代に民衆の遊びのほうをウクライナにシフトさせたわけですが、エリートたちからすれば、要のセヴァストポリが、自分たちの統制外に行くことは考えられなかった。

手嶋　フルシチョフの時代に、よもや後にソ連が崩壊し、ウクライナが分離・独立する。ましてや西側に接近するなど、思いもよらなかったのですね。

佐藤　クリミアの移管というのは、だからこそ成り立ったソ連のなかでの〝ゲーム〟だったんです。ウクライナは独立した後も、ロシアにセヴァストポリを黒海艦隊の軍港として使用することを認めていました。従って、セヴァストポリ軍港には、ウクライナとロシアの双方の黒海艦隊が併存していたのです。

ゴルバチョフはなぜクリミア併合を支持したのか

手嶋　プーチンはクリミアの軍事侵攻を電光石火でやり遂げました。それは単なる戦術的な要因だけでは説明できないように思います。やはり、歴史的なファクターや住民の動向も考慮しなければなりません。

佐藤　やはりクリミアの民意が大きかったと思います。ウクライナ民族主義者の統治に対するクリミア側の警戒感というか、嫌悪感というものが強かった。電力にしても、食料にしても、ロシアに大きく依存しているという現実もありました。ウクライナ政府が反ロシアに傾いたことで、ロシアからの供給が断たれてしまうと懸念した面もありましたから。

プーチンもそんな民意をうまく操る形で、一連のハイブリッド戦を仕掛け、それがある程度奏功したということもある。例えば、政府が言語政策を変え、ウクライナ語への統一といったことが行われた場合には、どうなるか。そういう危機感を煽り立てるような情報戦を、極めて効果的にやったわけです。

手嶋　その点では、今回の軍事侵攻と、クリミア攻略とは、かなり違うと考えるべきでしょうね。

佐藤　戦争としての質がかなり違うと思います。今回、4州の併合の仕方は、泥縄だったことは否めません。それに比べて、クリミアに関しては、優れて戦略的に遂行されたと思うのです。まさしく用意周到でした。

ソ連崩壊後も、セヴァストポリ軍港は、ウクライナ艦隊とロシア艦隊が共同して管理していたわけですが、ロシアの侵攻に際して、ウクライナ海軍は、ロシア側に寝返ったり、ウクライナに忠誠を誓いつつ、戦いは嫌だといって離れていったりした人間が多く、極めて短い時間に陥ちてしまった。セヴァストポリ軍港にいたウクライナ軍の将兵について、誰がどんな傾向の人間なのかを事前に周到に調べていないとこれほど水際立った作戦はできない。

さらにいうと、第二次大戦中、もともとクリミアに住んでいたクリミア・タタール人を、ヨシフ・スターリンがナチス・ドイツの協力民族だとして、中央アジアに強制追放した歴史があります。この人たちが戻ってきたらと、勝手に家を建てて住んでいたウクライナ人、ロシア人は懸念していました。プーチンは、クリミア・タタールの人々の懐柔も巧みにやりました。だから、クリミア・タタールは、全体としてロシアの敵に回らず、半々ぐらいに分かれたのです。

手嶋　そうしたプーチン戦略も功を奏して、ウクライナや西側が奪還に挑むことはできなくなってしまったのですね。

佐藤　あのミハイル・ゴルバチョフも、プーチンのクリミア併合に賛成しているんですよ。意外に感じるでしょうが。

手嶋　それは意外ですね。

佐藤　彼は何回か自伝を書いているのですが、最後の自伝『我が人生　ミハイル・ゴルバチョフ自伝』（著・ミハイル・ゴルバチョフ、翻訳・副島英樹、2022年、東京堂出版）で、そう語っているのです。理由は単純明快で、クリミアは、民意を経ずにウクライナ領になってしまった。今回は、民意を経てロシア領になるのだから、まだましではないか、と。

ゴルバチョフというのは、非常にフェアな人物です。例えば、一連のNATOの東方拡大について、「それをしない」という約束が冷戦終結当初からあったのかについて、彼ははっきり「ない」と言っています。当時は、ワルシャワ条約機構があった。NATOの東方拡大というテーマ自体が存在しないから、NATOの東方拡大に関する約束は存在するはずはないと。

手嶋　私も当時ホワイトハウスと米国務省を担当していましたが、このゴルバチョフ証言はかなり正確だと思います。

佐藤　ワルシャワ条約機構の解体は想定外であり、その後の西側の東方拡大はいかがなものかと思うが、当初から約束があったのかといえば、なかったと言うわけです。そんなゴルバチョフが、クリミアに関しては、ロシア側の併合は民意を踏まえているから正しいと語っている。ここは、意外とポイントだと思うのです。

ロシアに頼る住民への攻撃

手嶋　クリミア併合が強行された2014年、ウクライナ東部のドンバス地方でも、親ロシア派武装勢力とウクライナ政府軍が衝突し、激しい戦闘を交えました。親ロシア派勢力は、西側に急速に傾くマイダン革命に危機感を募らせたのです。ロシア軍が最初に軍事侵攻したルハンスク州、ドネツク州は、随所で戦闘が繰り広げられ、これが今回のウクライナ戦争の発火点となりました。

佐藤　ロシアはこの事態を、クーデターによって政権を乗っ取った勢力による親ロシア住民に対する弾圧、と捉えました。ウクライナ侵攻の直前に行った国民向けテレビ演説で、プーチン大統領は、「ロシアしか頼る先がなく、私たちにしか希望を託すことのできない数百万人の住民に対するジェノサイド」と表現しました。

14年9月、「ミンスク議定書」（第1ミンスク合意）という停戦合意が結ばれ、いったん戦闘は沈静化したのですが、それも長くは続きませんでした。15年2月には、ウクライナ、ロシア、ドイツ、フランスの首脳会談で再び停戦に合意し、「第2ミンスク合意」が締結されます。

手嶋　しかし、この停戦協定も反古《ほご》となり、戦闘は続きました。私はこの時期にウクライナ西部の反ロシア派の拠点都市リヴィウに滞在していたのですが、中央の広場では連日のようにウクライナ軍を支援する集会が開かれていました。

佐藤　このミンスク合意には、ウクライナ側がロシア派武装勢力の実効支配する二つの州に「特別の統治体制」を認めて憲法改正を行うと明記されていました。そして、欧州安全保障協力機構の監視下で公正かつ民主的な選挙を実施することも約束されました。プーチン大統領は、そうやってウクライナ国家の枠内で高度な自治が確保されれば、この自治地域の同意なくして、ウクライナがNATOへ加盟することはできなくなる仕組みを作ることが可能だと考えたわけです。

手嶋　ミンスク合意が機能して、このプーチンの思惑どおりに推移すれば、今回の軍事侵攻は避けられた可能性がありますね。

佐藤　そうです。ところが、約束はいつまで待っても果たされませんでした。8年間、平和的な解決に向けて努力を続けたが、それらはすべて徒労に帰した。もはやこれ以上、ロシア系住民に対する「ジェノサイド」を見過ごすわけにはいかない、というのが侵攻したロシア側の言い分です。

手嶋　ミアシャイマー教授は、ウクライナがＮＡＴＯ加盟に踏み込んでいったことが、ロシアをウクライナ侵攻に追い込んだと分析しています。アメリカは、オバマ政権時代までは同国への本格的な軍事支援を行わなかったのですが、18年3月にトランプ大統領が初めて対戦車ミサイルの売却を承認します。併せてウクライナ軍の兵士の訓練なども行った。トルコもドローン「ＴＢ２」を提供するなど、各国もウクライナの武装化に一役買ったわけです。

佐藤　21年半ばには、ウクライナ軍がドンバス地域のロシア軍駐留区域で無人偵察機を使用し、軍事的緊張は一挙に高まりました。12月にはプーチン大統領が、ウクライナがＮＡＴＯに加盟しないという法的保証が必要だと訴えるようになります。しかし、アメリカは、プーチンの真意を正確に捉えることができなかった。戦争の足音は刻々と近づいていました。

侵攻を「予告」したバイデンの錯誤

手嶋　ウクライナの戦争は、超大国アメリカによって管理された戦争だ――それが我々の見立てです。しかし、だからといってアメリカがこの戦争を望んだり、企てたりしたわけではありません。

佐藤　そう、〝管理された戦争〟になったのは、あくまで結果です。

手嶋　ウクライナの戦いが始まるプロセスでは、バイデン大統領は、重大にして深刻な錯誤を犯しています。ウクライナ戦争をめぐる米国のインテリジェンス活動を採点しろと言われれば、及第点は到底与えられません。まあ、正直に言えば、「バイデンのインテリジェンス戦略はあやまてり」として後世の厳しい評価を受けることになるでしょう。

佐藤　日本のメディアや専門家が、逆にバイデン政権のインテリジェンスを高く評価していたなかにあって、手嶋さんは一貫して厳しい論評を下していましたね。

手嶋　具体例を挙げてみましょう。ロシアの侵攻直前の2月18日の記者会見で、バイデン大統領は「ロシア軍が次週、数日中にも、ウクライナを攻撃すると、考えるだけの理由を米国政府は得ている」と述べ、ウクライナの首都キーウも標的となる可能性にも言及しました。

通常は米国の最高首脳がこれほどの開戦情報を確定的に語ったりしないものです。これをロシアの侵攻を抑止することを狙った見事な一種の情報戦略の発動だと日本の一部のメディアは賞賛しました。しかし、プーチンに侵攻を思いとどまらせることができなかっただけではありません。プーチン政権の中枢から入手した極秘のインテリジェンスの手の内を晒すことになってしまうと僕は一貫して批判してきました。

佐藤　プーチンのようなプロの手にかかれば、アメリカがどこから、どのように、極秘情報を入手しているのか、直ちに分かってしまいます。

手嶋　今回の戦争を1990年の湾岸危機の勃発時と較べてみましょう。当時の米政府も、偵察衛星や偵察機で対クウェート国境にイラク軍の精鋭が集結している事実は摑んでいました。しかし、それが本格侵攻の兆候か、断定しかねていました。最高司令官たるサダム・フセインの胸の内を摑みかねていたからです。当時の駐イラク・アメリカ大使は、イラク側の偽装工作に欺かれて、休暇をとって任地を離れてしまいます。これに対して、今回は、ロシア軍の侵攻を裏付ける確かなインテリジェンスを米側は握っていました。そして、それを記者会見などで公表してしまったのです。

佐藤　インテリジェンスの常道からは外れていますね。機密情報を安易に公表すれば、貴重な情報源を危険にさらし、場合によっては命を喪わせてしまう。

手嶋　ロシア政府で、ウクライナを担当していたのは、旧ソ連のKGB（国家保安委員会）の流れをくむFSB（ロシア連邦保安庁）の第五局でした。その幹部から情報が漏れたとも囁かれました。より精緻な検証は必要ですが、ロシア側の最高司令官の意図を窺わせる確度の高いインテリジェンスが欧米の手に渡ったとすれば、それを米大統領が安易に口にしていいはずはありません。

佐藤　米政府がこの程度の情報戦で〝プーチンの戦争〟を抑止できると考えたとしたら、甘すぎます。アメリカ側が期待したように、あのプーチンが侵攻を思いとどまるなどと考えるのは、アメリカの稚拙な思い込みです。摑んでいる情報を公表したのは、抑止が狙いではなく、ロシアに手を出させるためという、真珠湾奇襲をめぐる陰謀論のような推測も成り立たないわけではない。しかし、北朝鮮ならまだしも、アメリカは民主国家です。民主国家が国民を欺瞞する情報を流し相手に攻撃させる。そんなことは禁じ手です。

手嶋　伝統的に、アメリカはそうした謀略に手を染めたことはあまりありません。

佐藤　そう、やりたくても、アメリカにはできないのです。インテリジェンスは、あくまでも手段です。大学入試と一緒で、評価は、受かるか、受からないかの結果で決まるのです。受からなければ、その予備校を選んだことは失敗です。目的が戦争の抑止ならば、それができなかったインテリジェンスのオペレーションは100％失敗なのです。

手嶋　加えて、バイデン大統領は、軍事侵攻の前後にもう一つ重要なことを言っているのです。「もし侵攻があれば、大規模な経済制裁で応じる」と。

佐藤　手の内を明かすのならば、「我々には、あらゆる手段を取る準備がある」と言えばいいのに。プーチン大統領は、このバイデン発言を聞いて、さぞかし安堵したに違いありません。ロシア側が最も恐れていた米軍の直接介入はないと受け取ったでしょうから。

手嶋　第二次世界大戦の後、侵略者にこれほど見事な金星を献上した例を僕は知りません。

佐藤　そう、ないと思います。あのドナルド・トランプだって、北朝鮮に武力侵攻せずなんてことはさすがに言いませんでした。金正恩が首脳会談に出てくる気になったのは、トランプなら何をやるか分からない、そんな恐れを抱いていたからなんです。

手嶋　レーガン、パパ・ブッシュ、クリントン、息子ブッシュ、オバマと歴代の5人の大統領を身近で取材してきました。そして、その時々、開戦を前にした各大統領の采配を見てきました。共和、民主のいずれの大統領も、執務室の机の上には、〝ALL MEANS〟、あらゆる手段が載っているという姿勢を崩しませんでした。「あらゆる手段」のうち、究極の手段は、いうまでもなく「伝家の宝刀」を抜くことです。

佐藤　大統領の手中には、核の使用を含めて、武力の発動という選択肢を残しておく――。

手嶋　敵の侵攻はもはや確実と断じながら、武力行使はせずと明言したのは、バイデン大統領の他はいませんね。

佐藤　双方のインテリジェンスのトップが接触する場合、極秘裏に済ませるのが通例です。

手嶋　2022年11月14日、アメリカのCIA（中央情報局）のウィリアム・バーンズ長官と、ロシアのセルゲイ・ナルイシキン対外情報局長官が、トルコの首都アンカラで会談したと報じられました。

佐藤　そもそも情報機関のトップ同士が会った事実がなぜメディアにリークされたのか。その上で、双方が会談の事実を確認したのはなぜなのか。〝裏の世界の話が表に出てくるときは心せよ〟といいます。

手嶋　ホワイトハウスによると、バーンズ長官は、ナルイシキン長官に対して「ウクライナで核兵器が使われた場合、西側がいかなる措置に出るかを伝えて牽制した」といいます。開戦以前から、米ロのインテリジェンス機関は、水面下できちんとした対話のチャネルを構築しているとは言えなかった様子が伝わってきます。

佐藤　ですから、核戦争の危険を孕んで事態が推移するなかで、情報機関のトップ同士が会わなければいけないところまで来ていたのかもしれません。

プロパガンダ機関に化した英国防省

佐藤　ウクライナ戦争をめぐるインテリジェンスに関して、私が最も驚き、危惧しているのは、実はイギリスなんです。今回のウクライナの戦いで、世界中のメディアが情報源として頼り切っているのは、アメリカの戦争研究所と英国防省です。いまはアメリカの戦争研究所以上に前のめりになっているのがイギリスです。英国防省とＭＩ６（秘密情報部）が毎週やっているブリーフィングは、メディアを介して戦局を左右するほどの影響力を持っています。

手嶋　老情報大国といわれるイギリスのインテリジェンス機関が定期的にメディアにブリーフィングをするなど極めて異例なことです。秘すれば花、そう考えてきた英国のインテリジェンス文化はいまや様変わりしてしまいました。

佐藤　しかも、その中身は、正義はゼレンスキーに、不正義はプーチンにという〝二項対立〟のイデオロギーをベースにした大本営発表です。例えば、２０２２年9月にこんな報道がありました。「英国防省は22日、ロシアが部分動員を始めたことについて「ウクライナで戦うための志願者を使い果たしたことを事実上認めている」と指摘した。ロシアの主張どおり30万人を動員するとしても「兵たんや管理の面で苦労しそうだ」としたうえで「数カ月は戦闘力を発揮できないだろう」との見方を示した」（22年9月22日、日本経済新聞電子版）。ロシアが志願者を使い果たしたというのは事実ではありません。また30万人の動員に関して、兵站や管理の問題も特に生じていません。23年2月以降、ドンバス地域でロシア軍が攻勢に出ているのも部分的動員が奏功したからです。

22年11月に英国防省はこんな情報を流しました。「英国防省は4日に公表した戦況分析で、ロシア軍が「督戦隊」と呼ばれる部隊をウクライナ国内に展開し始めたとの見方を明らかにした。逃亡を図る自軍の兵士を「射殺する」と脅し、無理やり戦闘を続行させるのが役割だという。／督戦隊は旧ソ連にも存在したとされ、英国防省によると、過去にもロシア軍が軍事紛争の際に使ったことがある。ウクライナ侵攻でも、ロシアの将軍たちは兵士に陣地を死守させるため、自軍の逃亡兵を攻撃できるようにすることを希望していたようだという。／こうした部隊の展開について、英国防省は「逃亡兵を撃つ戦術は、ロシア軍の質や士気の低さ、規律の不十分さを証明するものであろう」と分析している」（22年11月4日、朝日新聞デジタル）。しかし、具体的にどの地域に督戦隊が配置され、どのロシア軍部隊の兵士が督戦隊によって殺されたかという具体的情報はありません。ロシア軍は残虐であると印象づけるためのプロパガンダです。

イギリスのインテリジェンス・コミュニティについては手嶋さんのほうがずっと詳しいわけですが、私も1986年から外務省の研修で、英陸軍の語学学校でロシア語を徹底的に仕込まれました。その学校で学んだので、あの国のインテリジェンスは多少承知しています。

ところが、世界に冠たる英国秘密情報部の様子が今回は実におかしい。ひとことで言えば、「インテリジェンス」と「プロパガンダ」が一体になってしまっている。

手嶋　この二つが一つになってしまえば、情報活動そのものが成立しません。秘密の情報活動で得た貴重なインテリジェンスを国家の舵取りに資するのではなく、相手国を惑わしたり、誘導したりする手段に使うのは邪道といわざるをえませんね。

佐藤　そう、前者は客観的な「情報」、後者は一方の立場に立った「宣伝」です。ちなみに第1章で紹介したロシア第1チャンネルの「グレート・ゲーム」は、ロシア側のプロパガンダ番組ですから、後者の典型です。

手嶋　国家の意図を宣伝活動を通して、外に発信しシグナルを送っている。

佐藤　伝統あるインテリジェンス大国のイギリスでは、情報と宣伝は峻別されてきました。ですから、様々な戦争のさなかでも、ＢＢＣはおおむね公正な報道を行ってきました。にもかかわらず、今回のウクライナ報道では、明らかに当局の情報操作が入っていて、冷静な分析には役立ちません。

　昨年、ある雑誌の鼎談でエマニュエル・トッド氏に会ったのですが、彼も英国防省の発表のほとんどは根拠に乏しいプロパガンダだと断じていました。例えば、ロシアにとっては栓を閉めるだけでいいはずの、ドイツとの天然ガスパイプラインを自ら破壊した。あるいは、ロシアが掌握したウクライナの原発や刑務所を、やはり自ら攻撃している――。そうした「情報」がイギリスから発信され、西側メディアで垂れ流されていると嘆いていましたね。

手嶋　僕らが知っていたかつてのイギリスのインテリジェンスは、どこに行ってしまったのでしょうか。また、我々が信頼するジャーナリストが次々にBBCを去っているのも気がかりです。

佐藤　トッド氏は、BBCもさることながら、高級紙「ガーディアン」の報道がひどくなっているとショックを受けているようでした。そこに反映されているのは、エリートが劣化したイギリスの危機なのだ、と。

手嶋　〝オックスブリッジ〟の古き良き伝統というのは、時に鼻持ちならない側面もあり、独善に陥ることも少なくない。しかし、イギリスらしさを表象してきたのもまた事実です。それが崩壊しつつあるのは、やはり由々しき事態と言わざるをえません。

佐藤　トッド氏は、昨年、ボリス・ジョンソンの後を継いでイギリスの首相となったメアリー・エリザベス・トラスの言葉遣いには品格のかけらもなかったと言っていました。経済政策の混乱などで、結局史上最短の49日で辞任してしまいましたが。同じ新自由主義者のマーガレット・サッチャーは、中産階級出身でありながら、貴族的なブリティッシュ・イングリッシュも操ったのですが、イギリスも大きく様変わりしています。

手嶋　英国エリート層の劣化は、情報活動の在り方にも大きな影響を与えていますが、どうしてこんなことが起きてしまったのでしょう。

佐藤　トッド氏にいわせれば、「長い目で見れば、まさにサッチャー改革の一つの帰結ではないか」と。サッチャーの時代、すべての価値判断を市場に委ねかねない新自由主義の流れが、イギリスに一気に流れ込んできた。そうした環境下で高等教育を受けた人たちが、社会の第一線に立つようになった。トラスもボリス・ジョンソンも、そうでしょう。30年ぐらいかけてイギリスの変質、あえて言えば、弱体化が進行した。そして今回の戦争で、それが集大成として現れてきているのではないか、と彼は指摘していました。

手嶋　サッチャー自身も、イギリスの伝統的なエリーティズムとか、ノブレス・オブリージュの道徳観とかからは、距離がある人でした。

佐藤　分かりやすく言えば、すべてを金に還元することはできない、というヨーロッパ的なエリート主義の崩壊です。イギリス人は、必ずしも金持ちを尊敬しないでしょう。貴族だってジャガイモづくりとかをやっていて、経済的にはそんなに豊かではない。本来は、アメリカのようにルールに従って儲けた人間が偉いんだ、という発想ではないのです。ところが、そのアメリカとの違いがなくなって、結局ゲームに勝利したものが総取りしてかまわないという社会になってしまった。大げさではなく、イギリスからヨーロッパ的価値観が消えつつあるのです。

手嶋　イギリスのインテリジェンス・コミュニティは、まさにエリート層の典型的な集団、それも最後の絶滅危惧種と言っていい〝選ばれし人たち〟です。

佐藤　ジョン・ル・カレのスパイ小説には、そういうMI6の貴族的文化を体現する群像がふんだんに描かれています。

手嶋　イギリス流の民主主義の最後の砦とは何なのか。それをちゃんとわきまえて、国家に献身してきた人たちなのです。その象徴のような存在が、ル・カレのスマイリー三部作に登場する老雄のジョージ・スマイリーです。この孤高のスパイ・マスターが体現していた世界がいまや喪われつつあるのです。由々しき事態だと思います。

佐藤　これまでも、超大国アメリカは、国際場裏で様々な困難に遭遇したときには、イギリスが防波堤となって陰に陽に支えてきました。しかし、今回のウクライナ戦争では、もはや彼らは十分な防波堤の役割を果たしていないことが白日の下に晒されてしまいました。

第3章

ウクライナという国
ゼレンスキーという人物

ガリツィアの民族主義者が語る「皇国史観」

手嶋　冷戦後の国際政局にワシントン特派員として接する機会がなければ、私も日本の多くの方々と同様に、NATOとロシアの狭間に位置するウクライナという国にほとんど関心を持たなかったかもしれません。また、統一ドイツの暫定首都だった〝小さな町〟ボンにドイツ特派員として在勤する機会がなければ、ウクライナがどれほど様々な貌《かお》をもつ国か深く知ることもなかったはずです。

佐藤　ワシントンとボンという西側同盟の二つの拠点から見えるウクライナ像は、それぞれに焦点の結び方が違いますので、貴重な体験でしたね。僕はいわば弟が兄のもとを去っていったモスクワからウクライナという国を見ていましたから、この章では複眼的にウクライナとはいかなる国家なのかを検証してみたいと思います。

手嶋　いまこうしているさなかにもロシアとウクライナは、激しい戦闘を繰り広げていますが、ウクライナという国の本質を見極めずに、この戦いを停めることはかないません。

佐藤　自らの発言にどれだけの責任を自覚しているか、それを知ってもらう意味でも、ウクライナ問題に関わってきた我が半生をまず簡潔に述べておきたいと思います。

手嶋　佐藤さんがどれだけ自覚しているか知りませんが、佐藤ラスプーチンの人生は、実に波乱に富んで面白い。ですから簡潔になどといわずに存分に語ってください。（笑）

佐藤　私は、モスクワの日本大使館では民族問題を担当していました。そのため、ロシア語のほか、ベラルーシ語の研修を3年、ウクライナ語の研修を1年受けました。また、ロシア科学アカデミー民族学人類学研究所では、東スラブ（ロシア人、ウクライナ人、ベラルーシ人など）の民族研究にも取り組みました。

手嶋　三つの言語を集中的に学んだということは、一般に思われている以上に、表記法も、発音も、個々の言葉も、違っているということですね。現地で三言語の研鑽に熱心に取り組んだ外交官は稀でしょう。

佐藤　ええ、似ているところはありますが、別の言語と考えるべきでしょう。ウクライナのような〝ややこしい〟地域について分析を試みようとすれば、ウクライナ語だけでなく、ロシア語で文献を読む力が不可欠です。そのうえで、民族学（人類学）の基礎訓練を受けて、初めて専門家を名乗れる。それが私の理解です。その意味では日本にはウクライナの専門家は数えるばかりです。もちろん、少数のよく分かっている専門家はいるのですが、そういう人たちに限って、諸般の事情から、例えば、何かあればすぐに炎上する現在のネット状況などから、メディアにはなかなか出てきません。

手嶋　日本のメディアでは「ウクライナ問題に詳しい」という枕詞が付きますが、心してかからなければいけませんね。

佐藤　ウクライナは、ソ連が崩壊した後の1991年12月28日に独立国家となり、ロシアとも西側諸国ともバランスを取る中立政策を標榜して出発しました。しかし、実際には、その時々の政権は、ロシア寄りになったり、EU（欧州連合）に軸足を置いたりと、揺れ動いてきた。

手嶋　ウクライナのヤジロベーといわれる現象ですね。

佐藤　結局、ここ30年もの間、一つの国としてまとまることができませんでした。独立時に5200万人だった人口は、今回の開戦時には4400万人程度まで減少していました。西欧などへ人口が流出していったことを窺わせています。とりわけ高等教育を受けた労働人口の多くが外国に活路を求めていきました。ウクライナ戦争の前に、すでに「破綻国家」に近い様相を呈していたのです。

手嶋　いま「一つの国としてまとまることができなかった」という指摘がありました。第2章で、ウクライナという国は、ロシアに近い「東ウクライナ」、首都キーウを中心とする中間地帯、反ロシア色が濃い「ガリツィア」の三つに分断されている、その実情を紹介しました。加えて、軍の統制も取れていない。それがウクライナという国の素顔でした。

佐藤　ウクライナ問題を理解するには、ウクライナ・ナショナリズムの揺籃の地といわれる西方のガリツィア地方を知っておくことが欠かせません。

手嶋　プーチンが電撃的にクリミア半島を手中に収めた後、私はウクライナ西部のガリツィアを訪れ、その中心都市、リヴィウにしばらく滞在しました。この美しい街の中心部を歩いていると、19世紀のハプスブルク王朝の古都に迷い込んでしまったような錯覚に囚われました。公園の広場に聳える近代ウクライナの言語と文学を確立した国民的詩人にして独立運動の志士シェフチェンコの像の前では民族衣装をまとった少年少女が合唱している場面に遭遇しました。東部のドネツク一帯で親ロシア派武装勢力と戦うウクライナ国軍の兵士にエールを送り、励ます集いを開いていました。長期間の取材を試みたのです。そのとき、リヴィウこそ、あの地域の動きを理解する鍵になるのではないかと直感したんですよ。それで、佐藤さんにもガリツィア地方の込み入った歴史や地政学について教えを請うたわけです。

佐藤　マイダン革命の以前は、勢力的にも歴史的な意味でも、このガリツィア地方はあまり表舞台には出てくることがありませんでした。そもそも、この地方がソ連領のウクライナ共和国に統合されたのは、第二次世界大戦後のことなのです。あの戦争まではロシアやソ連に呑み込まれた歴史をほとんど持っていない、それがガリツィア地方でした。

手嶋　カトリック教会の勢力も強く、人々はロシア的なものに染まっていない。リヴィウの青空市場では、ドイツでは販売が禁じられているヒトラーの『我が闘争』の海賊版が売られていました。一番の人気商品は、プーチンの顔が印刷されているトイレット・ペーパーでした。

佐藤　ここは、ハプスブルク帝国の崩壊後は、ポーランドに組み込まれていました。ガリツィア地方がソ連領ウクライナに統合されるのは、第二次世界大戦後です。1945年に赤軍が入ってくるまで、ソ連領になったことは絶えてありませんでした。帝政ロシアは、ペレヤスラフ協定に基づいて、ウクライナへの攻勢を強めていたポーランドと戦い、いまのキーウを含む東側を併合したのです。しかし、ガリツィアを版図に加えることはできなかった。

手嶋　ロシアの版図にならなかったことで、ガリツィアにはウクライナ民族主義の伝統が色濃く残ったのですね。

佐藤　そうです。ウクライナ民族主義運動の指導者といわれるガリツィア出身のステパン・バンデラという人物がいます。メディアは「ウクライナの独立に身を捧げた」と持ち上げるのですが、40年代にはソ連と対抗するために、侵攻してきたナチス・ドイツに協力し、ユダヤ人、ポーランド人、チェコ人などの虐殺に手を染めています。しかも、独立の手段として協力しただけでなく、「純粋なウクライナ人」による支配というナチス流の人種イデオロギーに通じる世界観の持ち主でもありました。マイダン革命で生まれたウクライナの政権にも、彼を崇拝する民族至上主義者が加わっていたことも事実です。マイダン革命の以降は、ナチに協力したというような「不都合な真実」はとりあえず脇において、国民の統合に向けて、バンデラのような民族主義者を英雄として称揚するような動きが強まりました。

手嶋　ナショナリズムは時に猛毒を孕んでいますから警戒が必要ですね。

佐藤　確かに、ガリツィア地方は、対ソ連独立運動の中心地でした。ただし、この地で、ナチス・ドイツ武装親衛隊の一師団としてウクライナ人からなるガリツィア師団が編成され、自ら残虐行為を働いたのもまた歴史的事実なのです。民族主義者たちは、その一地方の歴史から、さらに彼らに都合のいい部分だけを摘まんで「ウクライナ史」を編んでいます。そこにあるのは、19世紀型ナショナリズムに彩られた「大きな物語」で、どう贔屓目にみても実証的な歴史学に耐えられる代物ではありません。ほとんど神話、そう「ウクライナ版皇国史観」といっていい。

ガリツィアの「神話」を拒絶する東ウクライナ

佐藤　それでは次に第二の地域、ロシア帝国の統治下にあったウクライナの東南部に目を転じてみましょう。こちらは、19世紀末から、急速な工業化の道を歩みます。それに伴って、大規模なロシア人の入植が行われ、〝ロシア化〟が進みました。工場労働者の人口が増えるに従って、ロシアの社会主義者からは革命運動の拠点として注目されるようになります。

手嶋　ロシア系の住民が多いウクライナの東部、南部地域では、ガリツィア地方のようなウクライナ民族主義は盛り上がりにくいですね。

佐藤　東ウクライナの人たちは、ガリツィア地方とは歩んできた歴史も、産業基盤も異なっているのですから、西部の「ガリツィア史観」や、それをベースにした政策を受け入れることなど、苦痛以外の何ものでもないわけです。

手嶋　とりわけ、母国語に関する言語政策は、ウクライナの人々にとって死活的に重要です。ウクライナ・ナショナリズムを標榜する政権は、一時期、ウクライナ語だけを公用語にしてしまった。それによって、東側の住民の多くは、日常使っているロシア語を公には使えなくなってしまいました。

佐藤　そうです。家庭や私的空間でロシア語を使うのは構わないが、公文書を含め、公のやり取りはウクライナ語のみで行えというわけです。これはさすがにすぐに撤回されたのですが、そのことが東部やクリミア半島の人たちをいたく刺激したのです。

手嶋　日常的に使っていたロシア語が公用語としては使用できない。これは単に不便だとかいうだけでなく、アイデンティティに関わります。

佐藤　実は、さらに〝米びつ〟の問題でもあるのです。ウクライナ語しか認められなくなれば、ウクライナ語で書類を書けない人は公務員の資格を失います。ノヴォロシア、クリミアでは、実際にウクライナ語を使う人はほとんどいません。公務員が身分を失い、そこにウクライナ語ができる西ウクライナの人間が入ってくる。結果的に、エリート層の組み替えが起こることになります。東南部には、国営企業も多くあります。国営企業の幹部も行政とのやり取りをウクライナ語ですることになりますから、やはり首を切られて、上の方は総入れ替えになるでしょう。

実際、バルト三国は、それぞれラトビア語、エストニア語、リトアニア語を公用語に定め、ソ連時代は「共通語」だったロシア語を公用語と認めていません。だから、そこに住むロシア人が就ける仕事は限られています。ウクライナでウクライナ語を公用語にするというのは、それと同じことです。公用語をどうするかという問題は、言語的な属性によるポスト争いの性格を帯びるんです。

手嶋　東部の住民が、ウクライナ語を唯一の公用語にする政策をにわかに受け入れ難いのは当然ですね。

佐藤　ウクライナの東西対立には、もう一つ、宗教というファクターがあります。

手嶋　早朝のリヴィウの街を散策したのですが、カトリックの系譜に連なる東方典礼教会が街の中央に鎮座し、朝陽に映えて青銅色のドームが輝き、これに三層の鐘楼が天高くそびえるウクライナ正教会、コーカサスの文様が刻まれたアルメニア教会、これにユダヤ教のシナゴーグ、ローマ・カトリック教会、プロテスタント教会までがあり、あたかも世界の宗教博物館群といった観を呈していました。こんな街は他にないのではないでしょうか。

佐藤　すべては16世紀に始まったキリスト教の宗教改革に遡ります。宗教改革の影響が拡がることに危機感を抱いたカトリックのローマ教皇庁は、イエズス会を中心にプロテスタント打倒を掲げて軍事侵攻に乗り出し、ロシア正教の領域まで到達します。正教側がこれに激しく抵抗したため、ローマ教皇庁は妥協案として、形はロシア正教のままだけれど、制度と教義はバチカン（ローマ教皇庁）とつながった新しい宗派を創設したのです。それが、ユニエイト教会で、東方典礼カトリック教会に属しています。

手嶋　ガリツィア地方は、カトリック教会、そして教義がカトリックと近いユニエイト教会の勢力が強く、一方、東ウクライナではロシア正教の影響力が強い。その点でも東西のウクライナは水と油に近いといえますね。

佐藤　東部ドンバス地域の親ロ武装勢力は、独立を維持し、国土の分離を阻もうと戦うウクライナ政府に抗う無法者だ——戦争をめぐる西側の報道にはそんな論調もみられます。でも、東西ウクライナの歴史的な背景やいまのウクライナの政権とドンバス地域の対立の実情を理解すれば、事はそう単純ではないことが分かります。

手嶋　ウクライナはその国内事情を知れば知るほど複雑にして奥が深いですね。

佐藤　また、西と東に挟まれた首都キーウを中心とする中間部は、もともと小ロシア、マロロシアと呼ばれた地域です。ここはコサックの人たちを中心として、ロシア系、ウクライナ系の両方が混在します。ドンバス地域のように、ロシアの影響力が圧倒的に強いわけでもなく、さりとて、もともとはロシア帝国の版図にあったわけですから、ガリツィア地方とはまた違う事情を抱えています。

手嶋　首都キーウを中心とするマロロシアは、まさしくヤジロベーの中心ということになります。

佐藤　おっしゃるとおりです。だから、ウクライナの三つの地域を共通項でくることはできないんです。曲がりなりにも一つの国を構成しているのが、不思議なくらいだと思います。

ソ連の兵器工場だったウクライナ

佐藤　私がノンフィクションの『国家の罠』を書き上げたのと同じ時期に、手嶋さんはインテリジェンス小説『ウルトラ・ダラー』を書いて、共に新潮社から出版してベストセラーになりました。『ウルトラ・ダラー』は北朝鮮が精巧な偽のドル札を刷り、ウクライナから巡航ミサイルを密かに買い付けるという現実を写しとった物語です。手嶋さんはこの本を執筆するにあたって、モスクワとウクライナで詳しい取材をしていますね。あの物語の重要な伏線はウクライナがソ連の「兵器廠《へいきしょう》」だったということだと思います。

手嶋　私の貴重な情報源にひたひたと迫られているようで、なにやら首がひんやりとしてきました。（笑）

佐藤　手嶋さんが彼の地を訪れた2005年頃は、オレンジ革命で親ロ派の政権が倒れ、親西欧派の政権が誕生しました。これによって前政権の旧悪、とりわけ軍需産業の闇が暴かれた時期でした。トマホーク・ミサイルの完全なコピーといわれたウクライナ製の「巡航ミサイルX55」が第三国に密かに流れている——手嶋さんは英米の情報当局からそんな極秘情報を仕入れて現地入りしたと私は見ていました。

手嶋　あまりに機微に触れるインテリジェンスですからコメントは差し控えます（笑）。旧ソ連の軍需産業の拠点が、ウクライナの東部と南部に集中していたのは紛れもない事実です。ロシアがこの地域を親西欧派のウクライナ政権に渡せないと考えるのは当然です。「ソ連の兵器廠」だったウクライナ東部と南部の歴史を紐解いておきましょう。第二次大戦中、ナチス・ドイツは、数々の新鋭兵器を生み出しました。例えば、イギリスの都市を狙って正確に発射されるロケットは、チャーチル首相の心胆を大いに寒からしめたと言われています。

佐藤　その新鋭技術を目の当たりにし、どうしても我が物にしたいと考えたのが、ソ連のスターリンでした。赤軍がドイツを打ち負かすや否や、真っ先にロケットの開発技術者を探し出し、身柄を捕らえてソ連に送還を命じたのもスターリンです。

手嶋　かくしてソ連はドイツの最新鋭の軍事技術を移転し、独自の工夫も加えながら自前の兵器を開発していきました。こうしてアメリカに比肩するほどの軍事大国を構築していったのでした。その研究・開発・生産の拠点になったのが、ほかならぬソ連の一共和国だったウクライナでした。

佐藤　ロシアの命運を握る軍需拠点をウクライナに置いたのは、フルシチョフがクリミアを渡したのと同様、よもやウクライナが分離・独立し、ロシアに盾突く存在になるなど、想像すらしていなかったからです。

手嶋　時代は移ろい、その兵器廠を巡ってウクライナとロシアの烈しい攻防戦が繰り広げられています。

佐藤　一方で、ウクライナ中部のドニプロペトロウシク州の州都ドニプロ市にユージュマシュという軍産複合体があります。ここにはミサイル工場もあり、衛星をはじめとする宇宙産業の中心でもあります。今回の戦闘では、ロシア軍が一時キーウ近郊まで進軍しながら、この戦略上の要衝は全く攻撃していません。オデーサ軍港もまた同様です。本来なら、いの一番にターゲットにしていいはずですが、コンテナ施設も全く攻撃されていない。これは私の推測ですが、占領して使うつもりだからではないでしょうか。

手嶋　佐藤さんの見立てはあたっているかもしれません。太平洋戦争の末期、米軍は日本の主要都市に戦略爆撃を敢行しながら、横須賀軍港にはほとんど手を付けていません。戦艦陸奥を建造した大型ドックも含めて巨大な施設があったのですが。帝国海軍最大の拠点を攻撃しない。本来ならあり得ないことです。やはり、占領後に直ちに接収して使おうというアメリカ側の思惑があったのでしょう。また、実際にそうしたのです。

佐藤　これは、さらにうがった見方になりますが、私はイーロン・マスクの行動に注目しているのです。

手嶋　電気自動車のテスラを創業し、近年ではTwitterを買収して世間を驚かせた実業家ですね。

佐藤　彼は、スペースXという宇宙関連企業も持っていて、事業の一つに衛星を使ってインターネットにアクセスするスターリンクがあります。低コストで打ち上げた多くの衛星を活用することで、地上の通信インフラが未整備の地域でもネットに接続できるというサービスなのですが、開戦当初、そのスターリンクの端末をウクライナに供与して、ゼレンスキーに感謝されました。なぜ根っからの商売人が、戦争に首を突っ込むようなことをしたのか。私は、彼が見ているのは、戦いが終わった後のユージュマシュだと思うのです。ウクライナに恩を売っておいて、そこに入っていこうとしているのではないでしょうか。

一方で、彼はスターリンクからロシアの国営メディアを遮断することは拒否しました。戦争の結果によっては、ロシア側からそこに行くことも考えているような気がします。

彼の一連の行動、発言は、ユージュマシュの利権を考えると、極めて合理的なのです。

手嶋　ウクライナの兵器廠は、民間で初めて宇宙船をISS（国際宇宙ステーション）にドッキングさせたような人物から見ても、魅力的な場所なんですね。

政治腐敗の根絶を叫ぶコメディアン

手嶋　ウクライナとはいかなる国家なのか――その知られざる素顔を読者にお伝えしてきましたが、いよいよウクライナ大統領ウォロディミル・ゼレンスキーの登場です。戦争の一方の主役である、特異な大統領の紹介がやや遅くなったのは、ウクライナという国家の分析なしに、このひとを政治の表舞台に押し上げたストーリーを理解することはできないと考えたからです。それほどにゼレンスキーというひとは優れてウクライナ的なのです。

佐藤　ゼレンスキーが政治家になる前はコメディアンだったことは広く知られていますが、その芸風はあえて言えば新型コロナで亡くなった志村けんさんに近い。開けっぴろげで、庶民的なイメージです。志村さん演じる「バカ殿様」が総理大臣になったような感じです。

手嶋　聡明な読者には断るまでもありませんが、佐藤さんはゼレンスキーが「バカ殿様」だと言っていたわけじゃない。「バカ殿様」を演じていた人物が大統領になったと言っていることにご注意あれ。欧州では、とりわけ英国では、コメディアンは、きわめて知的な職業で、それを裏付けるように、ミスター・ビーンを演じる役者をはじめオックスブリッジ出も多いんです。ニッポンだって、あのビートたけしさんのシュールな笑いは、研ぎ澄まされた知性なくしては生まれてきません。

佐藤　マイダン革命後の２０１４年５月に行われた大統領選挙で、親ＥＵ・反ロシア路線を掲げるポロシェンコが当選。19年４月にはそのポロシェンコを破って、政権トップの座に就いたのがゼレンスキーで、繰り返しになりますが、前職は喜劇俳優です。彼は15年に放送されたウクライナのコメディ・ドラマ『国民の僕《しもべ》』で、しがないバツイチの高校教師から大統領に「抜擢」される主人公を演じたのでした。ドラマのなかで、ウクライナの政治腐敗を罵る高校教師の言葉の数々は、明らかにポロシェンコ大統領への当てこすりでした。シーズン３まで放映されたこのドラマは爆発的な人気を博し、高視聴率を獲得します。

手嶋　このテレビドラマでは、前節までに見てきたウクライナの複雑な地域性が実に見事に描かれていますね。

佐藤　とりわけ「シーズン3」では、28に分裂したウクライナが背景になっています。不正選挙で投獄された主人公が再び大統領として登場し、その統合を図るわけですが、最後の最後までドンバスとガリツィアが激しいいがみ合いを続けるのはリアリティをそっくり映しています。

手嶋　日本のテレビドラマでは、政権政党は「民自党」、新聞は「毎朝」、ビールは「日の出」、しかもご丁寧に終わりのテロップには「このドラマの登場人物は実在の人物と一切無関係」と流れます。政治への風刺のインパクトは日本とは桁違いです。当然のことですが、ウクライナの人々は、ゼレンスキー演じる大統領に惹きつけられていきました。

佐藤　そして、余勢を駆って本当に大統領選に勝ってしまった。

手嶋　あろうことか、フィクションだったはずのシナリオが、現実になったわけですね。とはいえ、ウクライナ国民は、ただ面白がって彼を大統領に担ぎ上げたのではないはず。

佐藤　そんな余裕は、当時のウクライナにはありませんでした。ソ連崩壊後、連邦の基軸通貨だったルーブルは紙切れ同然になるわけですが、独立して新通貨を導入したウクライナも、1993年には4700%というとてつもないハイパーインフレに見舞われ、経済は壊滅的な状況になります。その後、徐々に回復を果たしていったロシアに対し、ウクライナ経済は低迷が続き、欧州の最貧国グループに甘んじます。一方、政治の舞台では腐敗と汚職が蔓延し、まともな国家体制の構築さえままならない。

手嶋　後に詳しく検証しますが、腐敗と汚職は、ゼレンスキーが大統領になったからといって、根絶されたわけではありません。腐敗と汚職と財政難の「破綻国家」の様相を呈しています。

佐藤　筆舌に尽くしがたい困難のなか、ゼレンスキーはテレビドラマを通じたプロパガンダも駆使して、国民の実に7割以上の信任を得て権力を手にしました。「ポロシェンコは、私腹を肥やすばかりで国民のための政治をやろうとしない。民衆の声を反映する政治を実現すべきだ」と演説したのです。彼は本気でそう考えていたと思います。そして国民もそれを信じた。

手嶋　ゼレンスキー自身は、戦争を避け、ウクライナの統一をなんとか維持したいと思っていたはずです。

佐藤　ところが、ゼレンスキーには、実際に政治のシステムを動かした経験がありませんでした。「バカ殿様」はけっして独裁者タイプではない。彼の〝笑い〟は、周囲の適切なフォローがあって成立するものでした。治世についてもそうで、しっかりした閣僚や側近の力を借りなければならなかった。ところが、ゼレンスキー大統領のブレーンのほとんどが、『国民の僕』の仲間や番組関係者たちでした。

手嶋　ただ、ゼレンスキー自身も、テレビ番組のプロデューサーですし、主要なスタッフも私的な集団だったことには注意が必要です。

佐藤　それにしても、現実の政治を、しかも、腐敗塗《まみ》れの政治を動かして、結果を出すのは容易な技ではありません。〝有言不実行〟のゼレンスキー政権の支持率は、すぐに40％台に下落します。２０２１年10月には、彼が海外のタックスヘイブン（租税回避地）に資産を隠していた事実が明るみに出て、国民の失望を買いました。ロシアとの開戦時の政権支持率は、20％台にまでガタ落ちしていたのです。

手嶋　ゼレンスキーの窮地を救ったのは、皮肉にもプーチンの強硬な対ウクライナ政策でした。

佐藤　そう、失地回復を模索していたゼレンスキーは「民族の誇りと利益を守る」という人々のナショナリズム感情に訴え、国民の結束を図ろうとしました。とりあえずの標的は、東南部ドンバスの親ロシア派武装勢力です。これを駆逐して、ウクライナによる実効支配を回復しようと考えたわけです。

手嶋　国民の不満をかわすために、ナショナリズムを煽るのは政治の常套手段です。しかし、これは危機を呼び込む諸刃の剣でもあった。

佐藤　ロシア侵攻の4ヵ月前の21年10月、トルコから供与されていた自爆型ドローンを使って武装勢力に攻撃を仕掛けるという「悪手」に手を染めました。民間人を巻き添えにする可能性もあるこの攻撃は、ロシアを強く刺激しただけでなく、ヨーロッパ諸国も非難声明を出す事態となりました。

手嶋　しかし、ゼレンスキーが大統領に就いてからの振る舞いは、22年2月24日にプーチン率いるロシア軍が、対ウクライナ国境を突如越えたことで、正義はウクライナにあり！　と一変しました。ロシア軍の侵攻が始まるや否や、ゼレンスキー大統領は国民総動員令を発して、18歳から60歳までの男性に出国を禁じ、「市民よ、銃を取れ」と高らかに宣言したのでした。

佐藤　ここで現実はドラマを超え、ロシア軍と戦うことになった。それ以降、ゼレンスキーが西側メディアを介して「強大な侵略者に屈することなく立ち向かう高潔な英雄」というイメージを国際社会に植え付けることに成功します。まさしくドラマのプロデューサーの素質を遺憾なく発揮していきます。

ゼレンスキーにはロシア侵攻を止められた？

佐藤　プーチン大統領は、侵攻直前に行った国民向けテレビ演説で、「8年間、終わりの見えない長い8年もの間、私たちは、事態が平和的・政治的手段によって解決されるよう、あらゆる手を尽くしてきた」と述べ、「すべては徒労に帰した」と締めくくりました。「8年間」とは、いうまでもなく2014年のマイダン革命からの日々を指します。あくまでもロシア側の理屈ではありますが、プーチンは正直な心情を吐露していたと思います。

手嶋　逆に言えば、西側の対応いかんでは、ウクライナの戦争は回避できた可能性があるということですね。この8年間、ロシアもウクライナも、そしてアメリカをはじめとするNATO諸国も、戦争を未然に防ぐことに躓《つまず》いてしまったと言えます。これは、今後の和平交渉を考えるうえできちんと検証しておくべきだと思います。

佐藤　その意味でも、前章でも触れた「第2ミンスク合意」がポイントです。14年9月、紛争状態にあったウクライナの中央政府とドンバス地域の親ロシア派武装勢力は停戦に合意します。合意文書は、会談が行われたベラルーシの首都名を取り「ミンスク議定書」（第1ミンスク合意）と呼ばれました。しかし、武力紛争は止まず、15年2月に、ロシアのプーチン大統領、ウクライナのポロシェンコ大統領、ドイツのメルケル首相、フランスのオランド大統領の4首脳が一堂に会し、首脳会談でとりまとめたのが、「第2ミンスク合意」でした。

手嶋　佐藤さんは、ウクライナ情勢が緊迫の度を増していた22年2月、ロシアの軍事侵攻の直前に「これらの合意（注：二つの「ミンスク合意」）に従い、ルハンスク州、ドネツク州で親ロシア派武装勢力が実効支配している領域とウクライナが実効支配している領域の現状を維持することが、戦争を回避するために必要なのだ」と指摘していましたね。

親ロシア派武装勢力が実効支配していたドンバスの二つの州に「特別の統治体制」を導入するため、ウクライナ憲法を改正する条項が盛り込まれていました。それによって、ウクライナのNATO加盟は阻止できるとプーチンは読んでいました。NATOには領土問題や地域紛争を抱える国の加盟は認めないという規定があります。従ってウクライナがそれを実行すれば、ロシアの軍事侵攻はなかったとも考えられますね。

佐藤　そういうことです。しかし、ゼレンスキー大統領は、ミンスク合意の履行を言を左右にして拒み続けました。フランスのマクロン大統領やドイツのショルツ首相なども、ミンスク合意をベースに両国を仲介しようとしましたが、合意による解決に同意していたプーチンに対し、ゼレンスキーは態度を明確にはしませんでした。

手嶋　二つの「ミンスク合意」は、ロシア軍の侵攻を阻む盾だったのですが、ウクライナは合意の実行に踏み切れず、プーチンの軍事侵攻を招いてしまった側面は否めません。しかし、いうまでもなく、だからといって主権国家を武力で踏みにじり、領土を奪い取っていいことにはなりません。

佐藤　それにしても、ウクライナの主権の下で、この問題を軟着陸させる可能性を最終的に消し去ったのはウクライナ側でした。ゼレンスキー大統領に自国民を悲惨な戦争に巻き込んだ責任がないというのは、到底公正な評価とは思えません。

ポーランドに落下したミサイルの意味

手嶋　プーチンのウクライナ侵攻が、国際法規を踏みにじる不正義の振る舞いであっても、ゼレンスキー大統領の行動や言動をすべて正義と鵜呑みにするわけにはいきません。そんなことをしていれば、いつまでも和平のきっかけを摑むことはかなわない。その点で、２０２２年11月15日にポーランド東部で起きた出来事は重要です。ウクライナ国境に近いプシェヴォドフ村にミサイルが着弾し、住民２人が死亡したのです。この事件については、当初、どちらが発射したミサイルかでひと悶着ありました。

佐藤　ＡＰ通信が、匿名のアメリカ情報機関高官の話として、「ロシアのミサイルが着弾した」と速報したのです。しかし、22日に「言語道断の誤りだった」として、記事に関与した安全保障担当の記者を解雇したと明らかにしました。

手嶋　この記者は速報を打つにあたって、アメリカの情報機関の高官に取材はしたのでしょうから、その高官がミスリードしたか。あいまいなコメントを断定的に書いたのか。この高官がウクライナ側から不正確な情報を聞かされていたのか。結果としては、記者を解雇せざるを得ない杜撰な報道だったわけです。

佐藤　ポーランドは、NATO加盟国ですから、そこにロシアが攻撃を加えたとなると、北大西洋条約第5条の適用事態になり、第三次世界大戦のリスクがあります。

手嶋　NATO軍としては、ロシアに反撃しなければならない事態になりますから。

佐藤　そういう緊張感がメディアの側にあったのかどうか、当日のポーランドのアンジェイ・ドゥダ大統領の「危うい」振る舞いも、スルーされています。ミサイル着弾に際して、非常に冷静だったという話になっているのですが、とんでもない。ポーランド政府は、当日深夜にロシア大使を呼び出して、「ロシア製のミサイル着弾」について事実関係の説明を要求しました。これは、非常に悪質なのです。ポーランドが、自国に落ちたのはロシアが発射したミサイルだ——と誤認していたのならともかく、そうではない可能性が高いことを分かってやっているのですから。

手嶋　ウクライナは、ロシア製の迎撃ミサイルを使っています。そんなことはポーランド側も重々承知しているはずです。

佐藤　少なくとも、深夜に大使を呼び出す話ではありません。深夜にやる必要があったとしても、参事官とか、公使とかにするのが外交の常識で、国家の代表を呼び出すというのは、よほどの非常事態です。ロシアへの牽制のつもりだったのかもしれませんが、一歩間違えば重大な事態を招きかねない行為ですよ。

手嶋 後にドゥダ大統領は、「ウクライナの迎撃ミサイルの可能性がある」という見解に修正しました。一方、ゼレンスキー大統領は、「軍の報告によると、ロシアが発射したミサイルだ」「NATOが動く必要がある」と主張しました。

佐藤 ゼレンスキーは、着弾の当日、確かにそのように言いました。

手嶋 しかし、翌16日にバイデン大統領が、記者団から「ロシアから発射されたのか?」という質問に答えて、「それに対抗する予備的な情報がある。調査が完了するまで言いたくはない」「ミサイルの軌道に関していえば、ロシアから発射された可能性は少ない。そのうち分かるだろう」と、やんわりそれを否定しました。

佐藤 ウクライナには派兵していないアメリカが、なぜそういう判断ができたのか。一つは自国の通信衛星か早期警戒機などで情報を収集したのでしょう。

手嶋 アメリカの情報能力からすれば、ミサイルの軌跡は正確に把握できるはずです。

佐藤 そしてもう一つ、ロシアに聞くわけです。「やったのか?」と。直接クレムリンに尋ねるわけではありません。リエゾン、業界用語でインテリジェンス機関の連絡係をそう呼ぶのですが、彼らを通じて聞く。リエゾンは、嘘はつかないですから、「我々は撃っていない」「流れ弾でもあそこには飛ばない」という返答があれば、確証を得たことになるのです。インテリジェンス・チャンネルでも確認できているから、バイデンはあの時点で、平場でああいう発言ができたのだと思います。

手嶋　同時に、アメリカの立場としては、「ウクライナのミサイルだった」と名指するのは憚られますから、「そのうち分かるだろう」と言外に真意を滲ませたのでしょう。

佐藤　ゼレンスキーのメンツも、最大限保全しないといけないですから。だから、バイデンがひとこと言ってから、ポーランドに「ミサイルは旧ソ連製のS300で、ロシア側から発射された証拠はない。ウクライナの防空システムから発射された可能性が高い」と言わせる流れを作った。当初ウクライナに同調していたラトビアも、態度を変えました。

ところが、ゼレンスキーは、まだ「ロシアが撃った」と頑張っているわけです。自らも加わった特別国際委員会に調査を委ねるという話でしたが、その後の報道はありません。報道がないということは、ゼレンスキーひとりが頑張って、「ウクライナの迎撃ミサイルだった」という結論を出させないでいたのでしょう。西側も含めてウクライナの迎撃ミサイルが落ちたというのが大方の結論にはなっていますが、結局、迷宮入りで真相は永久に発表されないと思います。

手嶋　そういうウクライナ側の主張について、バイデン大統領は、「証拠がない」と否定的な認識を示し、一方のロシアのペスコフ大統領報道官は、「アメリカ側の抑制された、よりプロフェッショナルな対応に注目すべきだ」と皮肉ともとれる言い方で、ウクライナを批判しました。

佐藤　あの迎撃ミサイル墜落事件をめぐる対応で、私はゼレンスキーの「聖人君子」の仮面が剝がれ始めている、という印象を持ちました。しかし、欧米のメディアは依然として「聖人君子」のイメージを拡散しています。

ウクライナはNATO参戦を望んでいるのか？

佐藤　さらに言うと、あの一件に関して、ゼレンスキー大統領は面白いことを言っているのです。「迎撃ミサイルの破片だけで、あんなに大きな穴が開くのか」と。つまり「ポーランドを目がけてわざとミサイルを撃ったのではないか」とも取れる発言なのですが、しかしこれは、「では誰が？」という疑問を招くでしょう。

マイダン革命のところで紹介した西谷公明さんが、この件について、2022年11月21日にウェブマガジン『ニュース ソクラ』でこんなことを書いています。


11月15日午後、ポーランドのウクライナ国境近くの村にロシア製ミサイルが着弾した。間髪入れずにアメリカは、ロシアからの攻撃ではない、と世界に向けて発信した。上空をモニタリング中の米軍偵察機が、ミサイルの航跡を捉えていたらしい。ウクライナのゼレンスキー大統領は、直ちにビデオ演説をおこなって、ロシアによるミサイル攻撃だと断じ、NATO（北大西洋条約機構）が行動する時だと訴えた。

が、逆にアメリカから、証拠はない、と一蹴される。かくしてアメリカは、NATO自らがこの戦争に巻き込まれかねない重大な危機を回避した。（中略）だが、単なる偶発的な出来事だったのか、という疑念も残る。S300は、ミサイルが飛んでくる方角とは逆の西の空へ向って発射された。ウクライナ側に、NATOを巻き込みたい、という秘かな思いがあったとしても無理はない。それこそ、あってはならないことではあるのだが。

（『ニュース　ソクラ』）

手嶋　ウクライナ側が、わざとポーランド国境近くにミサイルを撃ち、ロシアの仕業にしてＮＡＴＯ軍に出動させる。まさか、とは思いますが、盧溝橋事件もそうして起きたのですから。ウクライナ側にＮＡＴＯをこの戦争に引っ張り込みたいという強い意志が見え隠れしていると見る向きもあるでしょうね。

佐藤　もちろん、現状ではエビデンスのある話ではありません。ただ、直後から「ロシア犯人説」を主張し、いまだにその姿勢を変えていない。その事実は、もしかするとそういうことをしかねないという状況証拠にはなる。ウクライナの現状を考えると、今後、そうした現代の盧溝橋事件みたいな事態が起きる可能性は想定しておくべきです。

手嶋　１９３７年７月、北京郊外の盧溝橋付近で日本軍と中国軍が衝突して、ここから日中戦争が始まるのですが、交戦のきっかけとされるのは日本軍への発砲です。誰がやったのか、分からずじまいになりましたが、まさしくこれが戦争の実態なのです。

佐藤　「盧溝橋型」で始まった戦争が、核を誘発する危険性を孕んでいる。その怖さというものを、リアルに認識する必要があると思います。

ウクライナを蝕む軍需産業の闇

佐藤　手嶋さんは、オレンジ革命の後、ウクライナ製の巡航ミサイルが極秘裏に中国と北朝鮮に密輸される様子を取材して『ウルトラ・ダラー』を発表しました。そしてウクライナ戦争の前には『鳴かずのカッコウ』を上梓して、中国人民解放軍のインテリジェンス・マスターが黒海のムィコラーイウ岸壁に係留されていたウクライナ海軍の空母「ワリャーグ」をカジノ船にすると偽って買い取っていく様子を事実そのままに描いています。そして中国の情報担当者がウクライナ人の造船技師を高給で大連にリクルートするシーンも登場します。ウクライナの軍需産業が新興の軍事強国中国にとっていかに美味しい相手か、その機微を巧みに伝えています。そこから浮かび上がってくるのは〝軍需大国〟ウクライナの実相です。

手嶋　確かにウクライナは欧州最大級の兵器生産国です。そして兵器の取引は、各国の情報機関のサイド・ビジネスになっていることもあって、腐敗と汚職の温床です。

佐藤　これまでに見てきたように、ゼレンスキーは、この国の政治腐敗を追及するテレビドラマの主人公として国民の人気を博し、現実に大統領になったという数奇な運命の持ち主です。しかし、政治の現実は過酷なものです。この国の凄まじいばかりの汚職体質は容易には改まりませんでした。

手嶋　その結果、国民の失望を買って支持率が低迷していたことは先に触れました。

佐藤　そんなゼレンスキーを蘇らせたのは、ロシアのウクライナ侵攻でした。

手嶋　戦時の大統領は、どの国でも人々の圧倒的支持を受け、国民の結節点となるのですから、ゼレンスキー人気も急回復しました。そして、アメリカをはじめとする西側陣営は、巨額の戦費、新鋭の武器、おびただしい食料をウクライナに支援します。

佐藤　これまでに見てきたように、冷戦の終焉後も、ウクライナは有力な軍需大国であり続け、兵器にまつわる汚職体質を内蔵してきました。兵器ビジネスによって懐を肥やしてきた者は多かった。

手嶋　空母「ワリャーグ」はエンジンなどを取り外して〝ドンガラ〟として中国に売り渡す契約になっていましたが、新鋭のディーゼルエンジンはそのままでした。巨額の金銭が動いたことは想像に難くありません。

佐藤　そうした腐敗した体質を持った国に巨額の戦費、武器、食料が流れ込めば、どんなことが起きるのか、もう説明の要はないでしょう。

手嶋　実はその腐敗体質に誰よりも危機感を募らせていたのがアメリカでした。すでに連邦議会の共和党の強硬派からは「ウクライナに白紙のチェックを渡すべきではない」という批判が出始めていました。こうした声に押されて、アメリカＣＩＡ（中央情報局）のバーンズ長官は密かにキーウを訪れ、ゼレンスキー大統領に軍需支援絡みの汚職を摘発するように迫ったと言われています。いまのような実態が明るみに出れば、共和党ばかりかアメリカの納税者の怒りを招くことは必至だったからです。

佐藤　ゼレンスキーもアメリカの強い姿勢に押されて遂に摘発に乗り出しました。２０２３年１月23日には、大統領府のティモシェンコ副長官を解任しました。人命救助のために外国から送られたオフロード車を乗り回していたことが問題とされたのですが、容疑の闇はさらに深いのでしょう。翌24日には、ウクライナ国防省のシャポワロウ副大臣の解任が発表されました。そして同じ日、ウクライナ検察庁のシモネンコ副検事総長を解任。続く25日には、レズニコフ国防相が一連の不祥事の責任をとる形で辞意を漏らしたのですが、ゼレンスキー大統領から慰留されました。

手嶋　こうしてみますとウクライナの国防絡みの腐敗は底なしの様相を見せています。

ウクライナ戦争のまっただなかでこれほどのスキャンダルが噴き出すことは想像を絶すると言っていいでしょう。

佐藤　シャポワロウ国防副大臣は、前線部隊の食料の調達を担当していました。前線向けの食料を日本円にして約460億円で契約したのですが、これがキーウのスーパーで買う値段のなんと2倍から3倍だったといいます。巨額な中抜きや賄賂が渡されていた疑惑が取りざたされています。

手嶋　ゼレンスキー大統領は、不正を防止するために、国家汚職対策局を立ち上げてクリボノス氏を新局長に任命しました。この国を汚職の病弊が深く蝕んでいることを物語っています。

佐藤　戦争は兵器汚職を生むといわれますが、そうした土壌がある国に外国から援助物資が流れ込むとがん細胞が一挙に広がる恐れがあります。

第4章

プーチン大統領はご乱心なのか

プーチンは「マッドマン」か

手嶋　ゼレンスキー大統領は、ロシアに奪われたすべての領土の奪還を目指し、そのためにもNATOの直接介入を望んでいるのか。一方のプーチン大統領は、なにゆえ国境を侵して軍を進め、戦線が膠着しても兵を引こうとしないのか。その背景にある、双方の政治リーダーの内在的な理論を探るのが、本書を編む狙いの一つです。

ただ、そうした作業では、ロシアやウクライナという国や民族の襞に深く分け入り、本人の発言や著作を精緻に読み取って、怜悧に分析しなければなりません。

佐藤　でも日本の現状を見ていると、プラモデルが好きで軍事評論家になったひと、アゼルバイジャンの地域研究者で、ロシアやウクライナを専門としない学者、極秘の公電に接触できない防衛研究所の研究者の論評が大半で、後世の評価に耐えるものは極めて少ないですね。

手嶋　その結果、ロシアがウクライナに侵攻した際には、驚くべきことが起こりました。欧米でも日本でも、「プーチンはほとんど狂っている」「病気でまともな判断ができなくなっている」という観測がメディアでまことしやかに流されたのです。

佐藤　「狂っている」というのは、分析の放棄以外の何ものでもありません。本当に狂っている人は、分析の対象ではなくて治療の対象です。政治的には、除去の対象になるでしょう。そんな人物が、軍事大国ロシアのトップに君臨できるものでしょうか。

手嶋　自分たちの理解を超える、予想とは異なる事態を前にして、その原因を「あいつがマッドマンだからだ」と堂々と主張する。一見まともに見える論者たちが現にそう言って憚りませんでした。狂っているのはどちらなのか、とただ呆れるほかはありませんでした。

プーチン自身の体調について、がんが進行しているとしても、外見からは判断しづらいのですが、プーチンの精神状態についていえば狂っているということはあり得ない。その明確な証拠を一つ持ってきました。２０２２年のロシアのヴァルダイ会議の記録です。一読して驚くべき文書だと感じました。

佐藤　ロシアでは毎年、内外の有識者を招いて数日間催されるヴァルダイ会議が開かれます。そして、最終日にはプーチン大統領自らが出席して講演し、その後に各国からの出席者と長時間討論を交わすのです。22年は、モスクワ郊外で10月24〜27日に行われ、ロシアのほかアフガニスタン、ブラジル、中国、エジプト、フランス、ドイツ、インド、インドネシア、イラン、カザフスタン、米国、トルコ、南アフリカ、ウズベキスタンなど実に40ヵ国から111人の専門家、政治家、外交官、経済学者が参加しました。ウクライナ戦争の勃発後、初めてのヴァルダイ会議でしたから、共通テーマは「覇権後の世界——万人のための正義と安全保障」でした。プーチン大統領は、27日に1時間あまり講演した後、出席者と3時間にわたって白熱した討論を行いました。

手嶋　戦時下に大統領が胸の内を語るのですから、討論の参加者を慎重に選び、事前に質問内容を探って、しかるべき側近が回答を準備するのが普通です。日本の総理会見ですら、内閣記者会から事前に質問をもらって答弁を役人が書くのですから。しかし、ヴァルダイ会議の記録を読む限り、役人の手はほとんど入っていない。

佐藤　ええ、プーチン大統領は、講演の際には時々メモを見ていましたが、有識者との討論に入ると、メモを見たり、補佐官からの助言を得たりすることはありませんでした。内外の諸懸案について、プーチン自身が自らの言葉で語っていました。

手嶋　ひたすら役人が準備する想定問答にすがる、いまの日本の政治家の様子を見慣れている日本の人々には奇異と映るほどの光景でした。

佐藤　プーチン大統領は、毎年末に内外の記者と会見するのも恒例にしていましたが、昨年は行いませんでした。これについて、「朝日新聞」は「プーチンが逃げている」といった内容の記事を書きましたが、正しくありません。ヴァルダイ会議と重複するので、やらなかったにすぎません。

手嶋　ほとんど草稿なしの講演を含め4時間、大統領は自らが当事者となっている戦争を含め、現下の政治、経済、社会について、専門家と語り尽くしました。少なくとも、心神喪失状態にあるひとができる業ではない。

佐藤　心神喪失どころか、発言をたどれば、内外の問題をプーチンが正確に把握し、彼なりの判断を下していることがよく分かります。プーチン大統領のありようは、私のなかではヨシフ・スターリンに重なります。スターリンというのは、残虐な圧政者というイメージですが、彼の強さはそこではない。スターリンは政治家であるのみならず、哲学者でもあり、経済学者でもあり、言語学者でさえもある。

その手の著作をたくさんものしていて、例えば民族というものの理解においては、スターリンの定式化の影響がいまも残っている。言語学の分野でも、構造主義言語学の祖といわれるフェルディナン・ド・ソシュールに通じるものがあります。単なる政治家ではなく、一種のプラトン型の哲人思想家と言っていい。プーチンは、それだけ複雑というか、分かりやすく表現すれば〝面倒くさい〟人物なんですよ。

手嶋　面倒くさい人に「狂っている」というレッテルを貼りつける。それで片付けるのでは思考停止に陥ってしまう。ウクライナの戦いで、人類はいま、核戦争の危機の只中にいます。核のボタンに手をかけている政治リーダーを「マッドマンだ」と決めつければ、核戦争のゲーム理論も、核抑止のセオリーも通じなくなります。

佐藤　「マッドマン」を具体的に言えば、イランのマフムード・アフマディネジャド大統領です。イスラエルという国は地図上から抹消されるべきだ、といっていました。そして核開発を推進しました。エルサレムに核攻撃を仕掛けた場合、イスラム最高の聖地であるカーバの神殿もあり、イスラム教徒もたくさんいる。だが、彼は「いや、心配することはない。お隠れイマームが現れて、イスラム教徒を核の攻撃から守ってくれる」というに違いない。こういうタイプの指導者には、抑止のセオリーは通用しません。

北朝鮮の金正恩はひとまず置くとして、お父さんの金正日、お祖父さんの金日成には、マッドマン的要素があったと思います。屈強なアメリカ帝国主義と最後まで戦って滅びた偉大な朝鮮民族が存在した。歴史にそんな記憶が残ればいい。そう本気で思っている指導者には、核の抑止力は効きません。もっとも金正日に関しては、ブッシュ大統領から「悪の枢軸」と名指しされ、小泉首相に泣き付いたことがありますから、核抑止というゲームのなかで動いていた側面もあったようにも思います。

「ロシアは他人の裏庭に干渉しない」

手嶋　プーチンに賛同するかどうかは別に、ヴァルダイ会議でのプーチン発言は、まさしく面倒くさい彼の内在的な理論を解き明かす第一級の資料といっていいですね。

佐藤　にもかかわらず、日本の論壇やアカデミズムからは、ほぼ無視されました。それもあって、私は１週間かけて会議録のすべてを日本語に訳してみました。

手嶋　１冊の本になるほどの膨大なボリュームですね。しかも、かなり読ませる内容だと認めざるを得ません。

佐藤　私が雑誌で対談したエマニュエル・トッド氏も、ヴァルダイ会議でのプーチン大統領の発言は知っていて、「少なくとも『プーチンは狂っている』と繰り返すだけの西側メディアは、まずはこのテクストをきちんと読むべきだ」と言っていました。

プーチンが今の世界をどう見ているのか、ヴァルダイ会議の発言から一部抜粋してみます。少し長くなりますが、まずは現状分析から見てみましょう。

ソ連の崩壊は、地政学的な力のバランスも破壊しました。欧米は勝者の気分になり、自分たちの意志、文化、利益のみが存在する一極的な世界秩序を宣言しました。今、世界情勢における西洋の独壇場は終わりを告げ、一極集中の世界は過去のものになりつつあります。私たちは、第二次世界大戦後、おそらく最も危険で予測不可能な、しかし重要な10年を前にして、歴史の分岐点に立っているのです。欧米は単独で人類を支配することはできないが、必死にそうしようとしており、世界のほとんどの国々はもはや我慢の限界に達しているのです。これが新時代の大きな矛盾です。古典の言葉を借りれば、上流階級はそんな暮らしはできないし、下層階級はそんな暮らしはしたくないという、ある程度、革命的な状況です。

（ヴァルダイ会議　佐藤優訳）

このような状態は、世界的な紛争、あるいは紛争の連鎖をはらんでおり、西側諸国自身を含む人類にとって脅威となるものです。この矛盾を建設的に解消することが、今日の主要な歴史的課題です。（同前）

また、プーチンはこうも言っています。

今まで起きていたこと、そして今起きていることは、例えばウクライナも含めて、ロシアの特別軍事作戦が始まってからの変化ではありません。これらの変化はすべて、何年もの長い間続いています。ただ、ある人は注目し、別の人は関心を向けませんが、これは世界秩序全体の地殻変動なのです。（同前）

ウクライナでの軍事衝突自体は、あくまでも表面に出た一つの事象に過ぎず、今世界で起きていることの根源はもっと深いところにある、さらにそれは、西側諸国も含む人類にとっての脅威なのだと指摘しています。

手嶋　戦争の当事国、そして当事者とは思えない、実に冷静な分析です。
佐藤　その根源に触れる部分については、こう語っています。

発展は、精神的、道徳的な価値に基づいた文明の対話の中で行われなければなりません。そう、文明によって人間やその本質に対する理解は異なります。それは表面上の違いだけであることが多いが、すべての文明が人間の至高の尊厳と精神的本質を認めているのです。そして、最も重要なのは、私たちが未来を築くことができ、また確実に築かなければならない共通の基盤です。

ここで強調したいことは何でしょうか。伝統的な価値観は、すべての人が守らなければならない固定的な決まり事ではありません。そんなことではありません。いわゆる新自由主義的な価値観と異なるのは、それが特定の社会の伝統、文化、歴史的経験に由来するものであるため、どのケースでもユニークであるということです。だから、伝統的な価値観は誰かに押し付けるものではなく、それぞれの国が何世紀にもわたって選択してきたものを大切にするものでなければならないのです。

これが私たちの理解する伝統的な価値観であり、この考え方は人類の大多数に共有され、受け入れられています。東洋、ラテンアメリカ、アフリカ、ユーラシアの伝統的な社会が世界文明の基礎を形成しているのだから、これは論理的なことです。

民族や文明の特殊性を尊重することは、すべての人の利益に適います。実は、いわゆる西側の利益にもつながるのです。西側は覇権を失い、世界の舞台で急速に少数派になりつつあります。そして、この西側少数民族の文化的独自性に対する権利は、もちろん保障されるべきであり、敬意をもって扱われるべきですが、他のすべての人々の権利と同等であることを強調しておきたいと思います。

西側のエリートが、何十種類ものジェンダーやゲイパレードのような、私の意見では奇妙でファッショナブルな傾向を、国民や社会の意識に導入できると考えるなら、それはそれでいいのです。好きなようにさせてあげましょう！　しかし、彼らには、他人が同じ方向を向くことを要求する権利がないことは確かです。

西側諸国は、人口動態、政治、社会的なプロセスが複雑であることがわかります。もちろん、これは彼らの内輪の話です。ロシアはこれらの問題に干渉しないし、するつもりもありません。西側と違って、私たちは他人の裏庭に干渉しないのです。しかし、私たちはプラグマティズムが勝り、ロシアと真の伝統的な西側、そして他

の同等の発展を遂げる極との対話が、多極化する世界秩序の構築に重要な貢献をすることを期待しています。（同前）

手嶋　この対談の冒頭で、ウクライナ戦争を〝独裁対民主主義〟の二項対立で語ることの問題を指摘しました。プーチンは、まさに西欧流の民主主義、新自由主義という価値観を、ロシアだけでなく世界に押し付けようとしている西側の責任を指摘しています。それに賛同するか否かは、各人の判断ですが、我々は、この佐藤優訳の会議録を読むことでプーチンという指導者の内在的論理を正確に受け止めておくべきですね。

佐藤　トッド氏は、「プーチン演説を、日本の識者が先入観なしに、例えばプーチンの発言とは知らずに読んだらどうなるか。米国流のグローバル・スタンダードを押し付けられてきた彼らの多くは、むしろ共感するのではないか」と述べています。

西側が気づかない「世界秩序の地殻変動」

手嶋　ヴァルダイ会議でのプーチン発言は、現下の戦争の当事者ですから、もちろんロシアの様々な思惑や情報戦の要素もあるのですが、それでも、プーチンの胸の内を窺うにはこれに優る素材はないといっていいですね。冷戦終結後のロシアの欧米に対するメッセージを鮮明に読み取ることができます。彼の言葉を借りれば「勝者になった気分」でユーフォリアに浸っていた欧米が犯した過ちを鋭く突いています。

佐藤　西側メディアが指摘しているほどには、ロシアは国際社会で孤立してもいない。これも正確に見ておく必要があると思います。ロシアのウクライナ侵攻に関しては、国連の特別総会による決議が、２０２２年3月以降、次の4回行われました。国際社会の評決をまず見てみましょう。

⑴「ロシアの侵攻を非難し、軍隊の即時撤退を求める」：国連加盟国１９３のうち、賛成１４１、反対5、棄権35、無投票12

⑵4月7日「ロシアを国連人権理事会理事国から排除する」：賛成93、反対24、棄権58、無投票18

⑶10月12日「ロシア占領のウクライナ4州のロシア領編入に反対し、編入声明の撤回を求める」：賛成１４３、反対5、棄権35、無投票10

⑷11月14日「ウクライナへのロシアの賠償支払い請求」：賛成94、反対14、棄権73、無投票12

国境を越えて主権国家に踏み入ったこと、その領土を強制的に併合したことを非難する⑴及び⑶の決議案では、「賛成」が圧倒的でした。これに対して、人権理事会からの排除、賠償金の支払いという議案に関しては、決議は成立したものの、賛成票は過半数に達することができませんでした。反対や棄権、無投票に回るのは、ロシア周辺を除くと、アフリカ、中東、ＡＳＥＡＮ（東南アジア諸国連合）などの国々が多いという傾向が読み取れます。

手嶋　西側が「戦争勃発後の国連総会の決議では、すべて賛成多数でロシアが断罪された」というような評価を下すとしたら、ちょっと無邪気に過ぎるでしょう。国家主権にかかわる⑴と⑶も、50ヵ国以上が賛同していません。「反西側」のエネルギーは、想像以上に底堅いことが読み取れます。

佐藤　ちなみにですが、１９３３年に日本が国際連盟から脱退した際、リットン調査団の報告書採択に反対したのは日本のみ、棄権はシャム（現タイ）の１ヵ国で、後はすべて賛成に回っています。

プーチン大統領は、4月12日に極東アムール州のボストーチヌイ宇宙基地で、ウクライナ侵攻後初の記者会見を開いているのですが、その席で「ロシアは世界から孤立するつもりもないし、ロシアを孤立させることも不可能だ」と語りました。決して強がりではなかったわけです。

手嶋　こうした事実を前にすると、ヴァルダイ会議でのプーチン発言が、決して強がりばかりではないことが分かります。

佐藤　彼が口にするとおり、「世界秩序全体の地殻変動」が起こりつつある。「民主主義を投げ捨て、無謀な戦争に走ったロシアは、孤立を深めている」といった見方で凝り固まっていると、戦争の霧が晴れたとき、地政学的に以前とは全く異なる景色が広がっているのに、西側世界は愕然とすることになるかもしれません。

手嶋　十数年にわたってワシントンの戦略司令部を取材してきた私からすれば、このウクライナ戦争を通じて露わになった超大国アメリカの凋落は大変に気懸かりです。そして、アメリカ自身もさることながら、同盟国である日本や西欧諸国が、どれほどその事実に気づいているのか、その鈍感さはさらに気懸かりです。

佐藤　世界の〝下層階級〟を中心に、「反西側」そして「反グローバリゼーション」のネットワークが構築されつつあることに鈍感なことへの裏返しでもありますね。

しかし、マッドマンの要素もある

佐藤　〝プーチンは狂っている〟と一刀両断にするメディアの底の浅さは、理解していただけたと思います。ただ、プーチンに〝マッドマン〟の要素が皆無かといえば、実はそうとも言えない。ここがまた、やっかいなところなのです。

手嶋　ほう、プーチンは決して狂っていない。ただ、マッドマンの要素はあるというのですか？

佐藤　そうです。ロシアの「母の日」のプーチン発言に接してそう思いました。毎年11月の最終日曜日が、ロシアでは「母の日」なのですが、2022年、その前々日にウクライナ侵攻に出征した兵士の母親の代表と会っています。そして、彼女たちを前に、「問題はどう生きたかだ。ウォッカが原因で死ぬ人もいて、生きた意味が不透明だ。しかし、あなた方の息子は生きた意味があったのだ。目標を達成したからだ」などと語っています。

手嶋　アメリカ大統領が戦争犠牲者の家族にお悔やみを述べる場面に幾度も立ち会ったことがあります。でも、どんな大統領も、あんなことを決して口にしたりはしません。

佐藤　息子を戦地に送り出して、愛する者を失くした母親たちに「人生はいかに生きるかが大事で、長さではない」と言っている。そこに来ていた母親たちも、その発言に共感しているのです。「うちは息子が三人いて二人が戦争に行っているけれど、もう一人も志願するでしょう」と。ひと昔前、二葉百合子さんが歌っていた『九段の母』の世界です。

手嶋　戦死して靖国に祀られた息子に会いに来る母親を歌った演歌ですね。

佐藤　「こんな立派な　おやしろに　神とまつられ　もったいなさよ」

これを理論化したのは、京都学派の田辺元です。個人の生命は有限だけども、悠久の大義で生きれば永遠に生きるのだ。だから、いかによく生きるかというのは、いかに死ぬかということなのだ、と。日本人も1945年の8月まで、マッドマンの論理のなかで生きていたのです。

手嶋　稀代の〝クレムリン・オブザーバー〟と評される我らがラスプーチンが、プーチンにもマッドマンとしての要素がある、というのですからそうなのでしょう。肝心なところですから、確認しておきますが、プーチンが「マッドマン・セオリー」の使い手だというのではなく、彼の内面に一種の狂気が垣間見えるというのですか。

佐藤　「マッドマン・セオリー」、狂人理論というのは、わざと強硬で、あり得ない発言などを繰り返すことで、相手に自分は予測不能な存在だと印象付け、譲歩案を引き出すことをいいます。

手嶋　リチャード・ニクソンがその典型です。ソ連、東側諸国を交渉のテーブルに着かせるために駆使した手法として有名です。ドナルド・トランプは、その存在自体がまさしく「マッドマン・セオリー」を体現しています。

佐藤　プーチンは、世間で言われるような正真正銘のマッドマンではない。しかし、彼はその芽も宿していると思います。すくなくとも、私にはそういうふうに見えるんですよ。合理的な対話ができない人間では決してありません。ただ、合理的な戦略だけで事足れりかというと、どうもそうではない。ロシア人の死生観とか、宗教観とか、そういったものも含めて考えていかないと、彼の内在的な理論を十分理解したことにはならないと思うのです。

手嶋　とくに戦場で国家のため、大義のために、命を捧げる、そんな局面で、マッドマンとしての性格が仄《ほの》見えるというわけですね。

佐藤　ロシア人と話していると、普通に「ジーズニ・コペイカ」と言ったりします。日本語に直訳すると、「人間の命なんて1円みたいなものだからね」。これは、「赤紙」一枚で戦地に持っていかれる感覚と、とても近いわけです。

手嶋　なるほど。いまに生きるロシア人のなかにある「マッドマン」の要素を宿しつつ、西側相手には「マッドマン・セオリー」をちらつかせていると。

佐藤　それが基本になることは間違いありません。そのゲーム理論の成り立つ要素が8割ぐらい。

手嶋　でも、残りの2割は真正のマッドマンであると。

佐藤　そのことを、念頭に置くべきだと思います。

手嶋　だとすれば、プーチンとの核をめぐるやり取りは、かなり錯綜したものにならざるをえないですね。

独りで煮詰まるプーチン

佐藤　もう一つ言っておけば、プーチンの心理を考える場合には、「独身者の思想」に考えを巡らす必要があると思います。

手嶋　それはまた、いかにもラスプーチン流の斬新な着眼ですね。「最高権力者の決断に及ぼす独身の研究」――そんな著書が上梓されれば読んでみたいと思います。

佐藤　歴史に残るような大きなことをする人間には、けっこう独身の人間が多いんです。哲学者でいえば、ルネ・デカルト、ゴットフリート・ライプニッツ、イマヌエル・カントもそうです。

手嶋　政治家でいえば、アドルフ・ヒトラーも、自殺する直前までは独り身でした。

佐藤　ある意味で、自らの事業が私生活から切り離されている。顧みるべき私生活がないと言ったほうがいいかもしれません。

　プーチンは、2013年に離婚し、家族を切り捨ててしまいました。だから、私生活で後ろ髪を引かれるものがない。こういう人は極端な思考に走りやすいという考察があります。プーチンの場合は、ロシア国家の運命と自分の運命を一体化し、その思想がどんどん煮詰まっているように見えます。特に離婚して独り身になってから、すごく煮詰まっている。言い方をかえると、独りロシアの理念を追求するあまり、思想がどんどん観念化し、哲学者のようになっていくわけです。

手嶋　では、独身であることがプーチンの思想に影響を与え、独自の政治哲学が醸成されているということになりますね。

佐藤　そういう人の怖さはやっぱりあるんです。その意味で、心温まる家族の存在というのはすごく大切です。皮膚感覚として守るべきものがあると考えている人と、そういう存在と全く切り離されている人は、大いに異なります。

手嶋　アメリカ大統領は、ホワイトハウスに入ると、職住が同じ空間となり、肌のぬくもりがある現実の社会からは隔離されてしまいます。そう、大統領は実に孤独なのです。必然的にパートナーであるファースト・レディが担う役割は言葉に尽くせないほど大切です。パパブッシュ（ジョージ・Ｈ・Ｗ・ブッシュ）や、息子のジョージ・Ｗ・ブッシュの場合は、奥さんが実に温かな人柄で、よく夫を支えたことで知られています。対照的だったのは、リチャード・ニクソンです。ニクソン大統領とパトリシア夫人との関係は、ホワイトハウスに入った段階で既に冷え切っていました。夫人は公的な役割を一応は果たすものの、孤独な大統領を心身ともに支えるような関係にはありませんでした。ニクソンが、ウォーターゲート事件でいよいよ辞任の決意を固めた朝、ホワイトハウスのキッチンにひとり降りてきて、大きな冷蔵庫を開けて牛乳のボトルを取り出し、コップに注いでぐいっと飲み干す場面は鮮烈です。驚いたシークレットサービスが、慌てて近寄ったため、このシーンが記録に残ったのですが、この大統領がいかに孤独だったか、象徴するエピソードです。最も苦しいときにも、サポートしてくれる家族はいなかったのです。

佐藤　プーチンは、クレムリンでも、ソチの公邸でも、いつも一人ぼっちです。

手嶋　確かにそれじゃ、どんどん煮詰まってもおかしくはありませんね。

佐藤　ウクライナ戦争の一方の最高指揮官は、私生活で支えてくれる家族を持たず、孤独な環境で決断をくださなければならない思索者なのです。〝プーチンの戦争〟を考えるとき、無視できないファクターだと思います。

シンボルとしての要衝、セヴァストポリ

手嶋　ウクライナ戦争に臨むプーチン大統領の内在的論理が具体的な行動となってどのように発現するのか。これは今後のウクライナ戦争の行方を読むうえで極めて重要ですので、いまいちど論点を整理しておきましょう。

佐藤　まず核戦争のリスクをいかに回避し、最悪の事態を阻止するか。西側陣営の盟主アメリカにとっては、絶対的な与件です。それを前提とした大国間のゲームなのです。イランや北朝鮮のような国と向き合うときには、核戦争を回避するという与件がどこまで共有されているのか。これはギリギリのところになってみなければ分からないという側面があります。だから、ゲームとしてはすごく難しい。ところが、アメリカの核戦略の専門家も、冷戦期以来の核大国ロシアとなら、イランや北朝鮮とは違って、〝正常なゲーム〟を戦うことが可能だと思っているわけです。もっとも手放しでそう思い込むのは危険だと私は考えていますが——。

手嶋　先に触れた2割の〝マッドマン〟的なファクターがプーチンのなかに潜んでいる

ことを忘れるわけにはいきません。

佐藤 そこが、ソ連時代のレオニード・ブレジネフやミハイル・ゴルバチョフとの違いなのです。実はアメリカと旧ソ連は歴史教育に関して似ているところがあって、アメリカで教える歴史は、最後はアメリカ史に収斂していきます。世界は、自由で民主的なアメリカ的な社会になっていく。一方、ソ連時代のロシアにはソ連史しかなくて、世界史がないのです。世界史は全部ソ連史に吸収されて、最後は理想的な共産主義社会になる。要するに、「我々は究極的に勝利して、世界は我々の価値観によって統治される」という理念で貫かれていたという点で、アメリカの自由民主主義も、ソ連の共産主義も非常によく似ていたわけです。

手嶋 冷戦時代には、双方がその理想を掲げ、イデオロギーの戦争を繰り広げていました。

佐藤 ところが、これはさきほどのヴァルダイ会議の演説であらためてはっきりしたのですが、プーチンが立脚するのは、そうした普遍主義的な考えではありません。ロシアにはロシアの歴史発展がある、中国には中国の歴史発展があるのだ、と。

手嶋 伝統的な価値観はそれぞれがユニークなものであり、誰かに押し付けるものではない、とも言っています。一見すると〝平和共存〟の思想のようにも映りますね。

佐藤　さて、ここで問題なのは、ロシアや中国は、自分たちは欧米とは違うと言っているにもかかわらず、西側陣営があくまで民主主義の旗を振って、自分たちの価値観を普遍主義的に押し付けようと迫ってきたときです。その場合には、眠っていた〝マッドマン〟の顔が覗く危険性があります。

プーチンの思想は、ある意味大東亜共栄圏にも通じるものです。我々の発展が担保されず、アメリカ的な原理に叩き潰されるならば、白人支配に抗って存在した日本人という民族がここ大東亜にいたという跡が歴史に刻まれればいい。ローマ帝国に対して、あくまでも抵抗して滅亡したカルタゴという国家の名前が、歴史に残っているのと同じように。

手嶋　こうしたケースでは、〝撃ちてし止まん〟と核のボタンに手を掛ける恐れが否めない。プーチンという指導者にそこまでの覚悟があると考える人は決して多くはないでしょう。

佐藤　アメリカの共和党系シンクタンクの所長、ドミトリー・サイムズ氏などは、そうしたプーチンの胸の内に気付いているかもしれません。彼はソ連からアメリカに移住した半分ロシア人ですから、皮膚感覚のところで、プーチンの難しさが分かっていると思います。だから、ロシアとアメリカが全面対決することだけは何としても避けるべしと警鐘を鳴らしているのです。

手嶋　クリミア半島の南端の要衝、セヴァストポリ軍港を西側陣営に奪還されて、黒海へ出られなくなったとしても、中国やインドとうまくやっていけば十分生きていける。21世紀の今日、不凍港としての戦略的な価値は大きく減じている——日本のロシア専門家はメディアでそう論じています。

佐藤　実に表層的な見方です。プーチンはそんな選択を決してよしとしないはずです。セヴァストポリがウクライナの実効支配下に入れば、それは1991年の地点に戻るのではない。18世紀後半のロシア全盛期に皇帝エカチェリーナ二世の時代に領有した土地のすべてを失うことを意味します。ロシアの兵士たちが血で贖った領土を喪うのであり、後から手に入れた土地を譲り渡すのとは意味合いが異なります。

手嶋　佐藤さんはロシア・オブザーバーとして、本書でもしばしばロシアにとっての〝セヴァストポリ〟の象徴的な意味合いを指摘しています。単なる地政学や戦闘の分析などの視点を遥かに超えた洞察がそこに含まれていると思います。先日、トルストイ全集を紐解いて『12月のセヴァストポリ』と題するルポルタージュを再読してみました。佐藤さんが何を言わんとしているか、納得できました。若き日の砲兵将校トルストイは、セヴァストポリ要塞の攻防戦に参加し、眼前で繰り広げられる悲惨な戦闘の模様を斥候兵の報告のような正確さで記録しています。しかし、これは決して反戦的な文章ではない。ロシア兵の英雄的な奮戦ぶりを活写して本国に伝えることで帝政ロシアの栄光を高らかに謳いあげています。いまのロシアの人々にとってセヴァストポリがどれほど象徴的な意味を秘めているか。文豪の処女作はそれを余すところなく伝えています。

佐藤　ロシアの国土は切り刻まれ、さらに西側の侵食を許すことになるかもしれない。そうなると、究極の発想が頭をもたげてもおかしくはないでしょう。彼は、「ロシアがない世界は存在する意味がない」と公言していますから。

手嶋　それは、単なる脅しと受け取るべきではないということですね。

佐藤　私はそう思います。そういう奥深くに潜んでいる怖さは、イランや北朝鮮、かつての大日本帝国に近いものだと認識すべきではないでしょうか。

第5章
ロシアが核を使うとき

バイデン、あやまてり

手嶋　アメリカの科学雑誌が毎年発表している「終末時計」の針が、２０２３年1月には遂に人類滅亡まで「残り90秒」となりました。東西冷戦は遥か遠景に去ったと思っていたのになぜと考えてしまいます。それはウクライナの戦域で核兵器が実際に使われる恐れがあるからなのです。そう、プーチンが核のボタンに手を掛けるという悪夢です。「さすがに核戦争にはならないだろう」「プーチンもそこまで愚かではないはず」――誰しも思いますが、根拠なき楽観論にすがって現実の国際政局に対してはなりません。ウラジーミル・プーチンという人の内面に深く分け入って、核戦争を回避する方策を探っていかなければと思います。

佐藤　〝あってはならない〟ということと、〝ない〟というのとは、全く違いますからね。核戦争は決して〝あってはならない〟、しかし、現下の状況では〝ない〟とは限りません。常に最悪の事態をシミュレーションしておかなくてはならないのは当然のことです。逆にテレビでも新聞でも、核使用のリスクを軽々に言い過ぎるのも問題です。ウクライナ東部ですでにロシア軍が制圧している地域の防衛戦で核が使用されるなんて真顔で指摘していた専門家がいたでしょう。そういう粗雑な議論は〝真のリスク〟を分かりにくくするという意味でやはり有害です。

手嶋　核使用のリスクをめぐる議論の精度は、専門家もジャーナリストも、その資質を問われる勝負所です。一方の核大国、アメリカの大統領は、さらに大きな責務を担っています。核のボタンに常に手をかけているのですから。ウクライナ戦争が始まって100日を前に「ニューヨーク・タイムズ」にバイデン大統領が寄稿しました。そのなかで、ウクライナが奪われた土地をすべて取り戻すのを支持すると述べています。ウクライナの側に立てば、今次の侵攻で奪われた南部、東部の4州だけでなく、14年の侵攻で奪われたクリミア半島、親ロ派武装勢力が実効支配しているドンバス地方を含めて奪還することを支持すると読みとれます。そうならば、ウクライナが〝完勝〟するまで現下の戦闘は続くことになる。ドロ沼の永久戦争です。

佐藤　ウクライナを生かさず殺さず、アメリカはロシアを弱体化させるため、こういう応援の仕方をしているに違いない――ロシアはそう受け取っているんだと思います。

手嶋　バイデン大統領が最有力の新聞に寄稿し、ウクライナ側もその気になっています。これだけ悲惨な戦争が泥沼化し、ロシアも弱体化し、核戦争のリスクが高まる。それでもすべての領土の奪還を目標に戦争が続くなど国際社会にとって利益になるはずがない。

佐藤　いかなる戦争も、双方の制御則を超えて、不測の事態が起きる危険があります。

手嶋　ですから、あのバイデン発言は、極めて危険なものと言わざるを得ないのです。長くホワイトハウスを担当した経験からいえば、「バイデン大統領、あやまてり」――。

ウクライナ戦域における核の不均衡

手嶋　1990年代の半ば、僕は統一ドイツから、佐藤さんは新生ロシアから、旧ソ連の巨大な兵器廠だったウクライナの核弾頭や大陸間弾道ミサイルが撤去されていく様子を見守ってきました。

佐藤　半ば破綻国家だったウクライナに核兵器を残しておけば、ならず者国家に売り払われてしまう危険もありましたから。〝ウクライナの非核化〟は、米国、ロシア、西欧諸国そして日本にとって共通の利害だったのです。

手嶋　ウクライナから核が持ち去られる様を目の当たりにし、〝東西の冷たい戦争〟は彼方に去っていったと僕は愚かにも思っていました。しかし、ウクライナで繰り広げられている戦争を前にして、我々は21世紀のいまもなお核の時代のまっただなかにいると認めざるを得ません。

佐藤　見方によっては、冷戦期より危険だと思ったほうがいいかもしれない。冷戦期の米ソ両核大国は、核軍縮・管理条約という安全装置を備えていましたからね。

手嶋　米ロ両国はいま、核弾頭を装備した長距離核ミサイルを双方ざっと1500発ずつ備えています。どちらかが一発でも核ミサイルを相手の都市めがけて発射すれば、たちまち全面核戦争となって、地球は滅んでしまう。つまり、米ロの長距離核に関しては、相互の抑止が効いている。プーチンとバイデンが〝マッドマン〟でないことを祈りたいと思います。

佐藤　地球最後の日は誰も望んでいませんからね。プーチンがアメリカに突如戦略核をぶっ放すようなことはない。そこは彼の8割の合理つまり〝非マッドマン〟の範疇です。

手嶋　ただ、ウクライナの戦域に限ってみると、そう安心するわけにはいきません。ウクライナの戦域の周辺には、小型核を装備したロシア軍の部隊が配備されています。射程の短い核ですから戦術核の範疇にはいります。ロシアの戦術核を抑止し、対抗する部隊がNATO側にあるかといえば、まったくないわけではありませんが、全体として極めて脆弱です。トランプ政権では小型核の配備が真剣に考えられましたが、バイデン政権は取り組んできませんでした。その結果、ロシアの小型核に対する西側の抑止は十分に効いていないといっていい。

佐藤　だからといって、プーチンが直ちに戦術核を使うとは思えません。しかし、射程が長く、全面核戦争に発展する恐れがある戦略核に較べて、戦術核の使用をためらわせるバリアは相対的に低いことは事実です。

手嶋　それを考えるうえでも「佐藤優訳のヴァルダイ会議録」の核に関するプーチン発言を真剣に読み返してみました。

佐藤　プーチン大統領は、ヴァルダイ会議の質疑で「核兵器が存在するかぎり、その使用の危険性は常にある」と発言しました。ただ、「ロシアは、核兵器を使用する可能性について積極的に発言したことはない」とも付け加えています。

手嶋　バイデン大統領も、戦術核の使用の危険性を認識しているのでしょう。「ロシアが戦術核兵器を使えば、途方もなく深刻な過ちを犯すことになる」と警告を発しています。ロシアが戦術核を使えば、ＮＡＴＯ軍は大量の地上兵力を投入すると示唆したのです。

佐藤　アメリカによる〝管理された戦争〟では、戦費や武器の供与は行うが、ウクライナの戦域にはＮＡＴＯの実戦部隊を投入しない。これは、バイデンのプーチンに対する変わらぬメッセージです。ただ、プーチンが核に手を伸ばしたときには、話は別だというのでしょう。

手嶋　ウクライナの戦域にＮＡＴＯの地上部隊が雪崩《なだ》れ込むような事態になれば、米ロ両軍が激突する第三次世界大戦にエスカレートしてしまいます。

佐藤　そうなれば、戦術核だけでなく、戦略核兵器の使用にまでいってしまう可能性がある。人類の人口が１００分の１になっても、我々は生き残るかもしれない、みたいな発想になってきます。手嶋さんが指摘するように、核使用の可能性については、楽観すべき材料はないんですよ。

手嶋　ヒロシマ・ナガサキの悲劇の後も、我々人類は、何度か核戦争の深淵を覗き見ています。幾度も紙一重のところで「地球最後の日」を回避してきました。１９６２年10

月のキューバ・核ミサイル危機がまさしくそうでした。当時のクレムリンは、あろうことかアメリカにドスを突きつけるように出現したカストロの革命政権に核弾頭と弾道ミサイルを密かに持ち込んだのです。結果的には、このキューバ核危機は、最後の土壇場で米ソの衝突が回避されました。この未曽有の危機に対処した若きケネディ大統領と側近たちの賢明な判断で核戦争は辛くも免れたというのが一応の〝定説〟になっています。私はこの危機に直にかかわった人々から話を聞いてきましたが、歴史の実相は少し違うのではないかと思うようになりました。

佐藤　歴史の大事件ほど、公式の記録や当事者が後に語った証言では掬《すく》い取れない真相がありますからね。外交の分野でいえば、公電は重要ですが、そこに描かれていない事実もたくさんあります。

手嶋　米ソの戦略兵器制限交渉（SALT－I）のアメリカ代表などを務め〝核の時代の語り部〟と呼ばれたポール・ニッツェ、弾道ミサイルの専門家としてキューバ危機に際して緊急招集され、後に国防長官を務めたウィリアム・ペリーらがそうでした。彼らは揃って、米ロ核戦争に至らなかったのは、結局、ケネディにツキがあったからだと漏らしていたことが忘れられません。

佐藤　別の言い方をすれば、紙一重で核戦争になっていたということですね。

手嶋　少なくとも、米ソ双方が合理的に行動して、ゲーム理論を実践するように衝突を防いだというのは、実相から相当にかけ離れているんだと思います。

佐藤　核を持つ相手が何を考えているのか。次にどう出てくるのか。先が読めない局面で合理的に、的確に行動するのは至難の業です。キューバ危機も、アメリカのＵ２偵察機がソ連軍に撃墜され、搭乗員が死亡していれば、局面は一変した可能性がある。あるいは、キューバの封鎖海域に近づいたソ連の貨物船が、命令に従わず米軍のラインを強行突破しようとすれば、どうなっていたことか。

手嶋　ホワイトハウスとクレムリンの間では、一種のゲームが成立していたとしても、キューバのフィデル・カストロが抗った可能性もあり、その点でも、運に恵まれて、核戦争が回避されたというのが、当事者たちの実感だったのでしょう。

佐藤　いつ爆発してもおかしくないダイナマイトの上にいるのは、キューバ危機でもウクライナ戦争でも、本質的には変わりません。人類はいまも究極の〝核のジレンマ〟のなかにいる、そう考えるべきなのでしょう。

手嶋　ウクライナは、国家の大義を貫くため、ロシアに奪われたすべての領土を奪還するまで戦い続ける――核の時代の真っただ中に我々が身を置いていないなら、それを支持することもあり得ると思います。しかし、戦争は錯誤の連続です。戦闘は一刻も早く止めなければと繰り返し言っておきたいと思います。

核使用の二つの条件

手嶋　ウクライナの戦争でプーチンが核を使うとしたら、どんな局面が考えられるのか。具体的に検証していきましょう。これは、プーチンの、そしてロシアの内在的論理に誰よりも通じた佐藤優さんの出番だと思います。

佐藤　ロシアの国防ドクトリンにおいて、核兵器を使うのは2種類のシチュエーションに限られます。まず、ロシアが核兵器による先制攻撃を受けた場合。もう一つは、通常兵器による攻撃だけれども、ロシア国家の存亡が関わるいわば〝核心的利益〟が脅かされた場合です。プーチン大統領自身がそう述べています。

手嶋　第一は、米国などＮＡＴＯの部隊が、核の先制攻撃に踏み切ったときですが、常識的に考えて、これはまずありえません。

佐藤　そう考えていいと思います。問題は、2番目の想定です。今度の戦争で、ウクライナ側が、ロシアにとっての核心的利益に通常兵器で攻撃を仕掛けたケースになります。モスクワやサンクトペテルブルク、ロシアの核戦略の基地が考えられます。しかし、忘れてならないのが、これまでも何度か触れてきたクリミア半島の要衝セヴァストポリです。

手嶋　プーチンにとって、ここを失うのはロシアの魂を失うに等しい、そう考えていいですね。

佐藤　そう思います。ロシアは、核の使用に関して明確な原則を持っていますから、ちょっと戦況が悪化したから戦術核を使うというような発想はないと思います。ただ、セヴァストポリ軍港については注意が必要です。ウクライナ側が、特殊部隊を使ってクリミア大橋を爆破させたように、セヴァストポリを攻撃させようとすれば、核使用の危機が現実のものとなる恐れがあります。そんな彼の胸の内を明かすように、プーチンは事前の予告なしに、クリミアのセヴァストポリを電撃的に訪問しました。2023年3月のことでした。その前には爆破されたクリミア大橋をトラックを自ら運転してわたっていますから、クリミアに寄せるプーチンの思いがどれほどのものか分かるでしょう。

手嶋　現実問題として、ウクライナ軍がモスクワを攻撃するということも、可能性は低いでしょう。そうなると、ロシアの核の使用に関する焦点は、クリミア半島ということになりますね。

佐藤　アメリカはいま、ウクライナの戦いを巧みに管理しています。口先では「ウクライナ側が唱えるすべての領土の奪還を支持する」と言いながら、ウクライナを勝たせることはできない。ウクライナの勝利は、クリミアの奪還なくして成し遂げられません。しかし、本当にそんなことをすれば、核戦争に限りなく近づいてしまう。

手嶋　だとすれば、ウクライナ軍が、無人攻撃機を使って、ロシアの戦略爆撃機の基地を攻撃したように、セヴァストポリ基地を攻撃するのは極めて危険ということになりますね。

佐藤　そう思います。ロシア側にも核使用について制約条件があるのです。プーチンは、ウクライナと戦端を開くに際して「ロシア人、ウクライナ人、ベラルーシ人は同じナロードだ」と言いました。「ナロード」は、日本では「民族」と訳されていますが、正確には誤訳です。

手嶋　正しくはどう訳せばいいのですか？

佐藤　「民族」は「ナツィア」。「ナロード」は「人々、ピープル」です。つまり、「ウクライナ人とロシア人は、同じピープル、民衆だ」と言っているわけです。ウクライナ人とロシア人は同じ民衆、すなわち兄弟であり、同胞であると。そんな信念を持つプーチンからすれば、ウクライナを核で攻撃するというのは、「自国民」を被爆させるということになります。

手嶋　ヨーロッパやアメリカに核ミサイルを撃ち込むのとはわりが違うのですね。

佐藤　このイデオロギー的な制約条件が彼の行動の縛りになっています。もし同族を攻撃する縛りを解かれるとしたら、それは本当に国家が存亡の危機に立たされるときになります。そのときには、プーチンは核の使用を躊躇しないでしょう。

ウクライナの原発を狙ったプーチン

手嶋　戦術核を手にするプーチンに西側陣営は、十分な抑止力を効かせられていない。その一方で、プーチンは開戦の劈頭《へきとう》から〝ウクライナの核〟にぴたりと焦点を定めていました。プーチンの命令で対ウクライナ国境を越えたロシア軍は、ただちにチョルノービリ（チェルノブイリ）原発を制圧しました。チョルノービリ原発は、かつてKGB（国家保安委員会）の情報士官だったプーチンにとって特別な存在だと言っていいですね。

佐藤　そう、1986年にこの原発は大事故を起こし、全欧州を恐怖に陥れました。このとき、プーチンはKGBの幹部として旧東ドイツのドレスデンに駐在していました。そして、クレムリンがこの原発を統御できずに、これが一つのきっかけとなってソ連の強権体制が崩壊していく様を目撃したのです。

手嶋　〝神の火〟に譬《たと》えられる原子力を制御することがどれほど大切か思い知ったのでしょう。チョルノービリ原発は、いまは廃炉になっていますが、燃料棒はなお冷却水の中にあります。

佐藤　ダーティー・ボム（汚い爆弾）は、通常の爆弾に放射性物質を入れたものですが、チョルノービリがあるので、これを造ることができる。核兵器の原料であるプルトニウムも抽出ができる。

手嶋　ウクライナは15基の原発が稼働している原子力大国です。ロシアは、中南西部のザポリージャ原発（6基）、南ウクライナ原発（3基）も、次々に手中に収めました。ロシアの制圧後に、原発の周辺に様々な砲撃が加えられ懸念が高まりました。これに関しては、ウクライナとロシアのどちらがやったのか、という論争がずっと続いています。

佐藤　それについては、常識を働かせればいいと思うのです。実効支配を完了した側に、はたして攻撃を仕掛ける必要があるのか。私はないと思います。〝ウクライナの核〟に関して、プーチンを大いに刺激したのは、開戦前の2022年2月19日、ゼレンスキーがミュンヘン安全保障会議で核保有の可能性に言及したからです。実はウクライナには、核兵器を持つ能力があります。

手嶋　すでに触れたように、ウクライナは旧ソ連の一大兵器廠でしたから、核兵器の製造にも関わっていました。そして、ソ連時代には、多くの核兵器が実際に配備されていたのです。1994年に「ブダペスト覚書」を交わし、核兵器の放棄と引き換えに、米ロなどからの安全保障を求めたのです。

佐藤　ですから、米ロそして西欧の各国は、ウクライナの核保有能力を封じ込めているわけです。この核封じ込めが解かれれば、ウクライナには核兵器を造る十分な能力はある。ユージュマシュには、優れたミサイル工場もあるのですから。プーチンのように常に性悪説の原理でモノを考える人間は、自分たちに危険なところから手をつけてきます。この場合、ウクライナが実際に核に手を出そうとしているのかどうかは問題ではありません。ロシアからどう見えているのか、この一点が重要なのです。

手嶋　さらに、ロシア側が、巡航ミサイルをチョルノービリやザポリージャの炉心に命中させて核爆発を起こせば、核の惨禍が全欧州に及びます。まさかプーチンもそこまではと信じたいと思います。ただ、核爆発の潜在力を秘めた施設を手中にしておくことは、一種の抑止力になります。

佐藤　核ミサイルを発射して攻撃するのと結果において変わりがありませんから。

手嶋　プーチンの西側への威嚇という側面は否めません。ウクライナに攻め込むや、怒濤のように原発を制圧したのは、単にウクライナへの電力供給を制御するだけではない。〝神の火〟に手をかけたと見るべきでしょう。

プーチンは、右手に一連の原子力施設を収め、左手は戦術核のボタンにかけ、西側陣営といま対峙しています。プーチンは、戦いの初期段階から、ロシア国内の核の部隊に即応体制を取るように命じていることはその証左だと思います。

佐藤　最大限の抑止体制を取るようにと、ロシア軍制服組トップのワレリー・ゲラシモフ参謀総長に命じています。私は、それを伝えるロシアのテレビ番組を見ていました。

手嶋　その文脈で、プーチンは、２０２２年9月21日には「わが領土の保全が脅かされるなら、あらゆる手段を駆使する。これは脅しではない」と発言します。ロシアの核使用ドクトリンの2番目は、やはり額面どおりに受け取るべきでしょう。

佐藤　プーチンが言う〝レッドライン〟は決して読み誤ってはいけません。

国際社会は核危機を回避できるか

手嶋　核戦争は偶発的に起きてしまう危険があります。その一方で、双方の政治指導者が深慮をもって核戦争を回避した教訓も忘れてはならないと思います。米ソの中距離核戦力全廃条約の締結がそれです。ウクライナ戦争が戦われているのと同じ欧州で、1970年代の後半から、ソ連は中距離核ミサイル「SS－20」の配備を始め、西側の優位に立とうと試みました。西側陣営も80年代に入ると中距離核ミサイル「パーシングⅡ型」を配備して対抗し、欧州を舞台に核戦争の危険はにわかに高まりました。

佐藤　ソ連の長距離核ミサイルは米大陸の都市に照準を合わせていました。これに対して、INF・中距離核ミサイルは主として西欧諸国を標的としたものでした。当時の西側陣営は、同様の中距離核ミサイルを保有していなかったため動揺が広がりました。

手嶋　ソ連の中距離核は米本土には届きません。このため、西側同盟の盟主、アメリカは、自国が中距離核の射程外にあるのに、欧州同盟国のために核戦争のリスクを冒す覚悟があるのか——欧州の主要国はアメリカに疑いの目を向けざるをえなかったのです。

佐藤　冷戦期の主戦場に位置していた西欧諸国と西側同盟を率いた米国では、中距離核による戦争では、究極のところで利害が一致しない事態もありえたわけですね。

手嶋　こうしたなかで、当時のアメリカ大統領、ドナルド・レーガンは、冷戦期を通じて最も重要な決断を下したのです。冒頭で述べたように、ソ連の「SS－20」に対抗して、西ドイツなどに「パーシングⅡ型」を新たに配備する。その一方で、欧州の戦域を舞台にした核戦争の危険を取り除くために、中距離核戦力を全廃する米ソ交渉を始めるというものでした。

佐藤　これが世に言う「NATO二重決定」ですね。

手嶋　ええ、レーガン大統領は、当時の西ドイツ宰相、シュミットと協議を重ね、中距離核の配備とそれを全廃する交渉を同時に進めようとしたのでした。

佐藤　当時の欧州では広汎な反核運動が巻き起こって情勢は混沌としていました。

手嶋　1987年の暮れ、ワシントンで開催された首脳会談で、ついに歴史的なINF

全廃条約の調印に至ったのでした。

佐藤　この条約によって、実際に２７００基に及ぶ中距離核が廃棄されました。中距離核に限ってではありましたが、核ミサイルが全廃されたのはこれが初めてでした。

手嶋　これによって永遠に続くかに思われた東西の冷たい戦いが終わる序曲を奏でることになったのです。

佐藤　手嶋さんは、ＮＨＫの若きワシントン特派員として、中距離核戦力全廃条約の調印式を現場で取材していたんですね。

手嶋　ええ、調印式の前後の情景は、隅々まで鮮明に覚えています。とりわけ、ワシントンの街角で起きた出来事は印象的でした。ゴルバチョフは副大統領だったジョージ・Ｈ・Ｗ・ブッシュとソ連大使館で朝食を共にした後、レーガンが待つホワイトハウスを訪ねる日程になっていました。僕らホワイトハウスの特派員は、ゴルバチョフの到着を待ち受けていたのですが、予定の時間をかなり過ぎても現れない。実はゴルバチョフは、専用車を突然止めて、沿道に詰めかけていた市民のなかに入っていき話しかけたのです。

佐藤　あのとき、〝ゴルビー人気〟が盛り上がっていましたから、外国の要人慣れしていたワシントン市民もけっこうな人出だったのでしょう。

手嶋　ゴルビーが思い付きで専用車を停めたハプニングだったため、先導の車列はこれに気づかず、慌ててバックしなければなりませんでした。その模様を「ニューヨーク・タイムズ」の記者は、鮮烈な記事にしています。その前年、レイキャビックで行われたレーガン・ゴルバチョフ米ソ会談が土壇場で決裂し、核軍縮交渉が暗礁に乗り上げたことに重ね合わせ、逆走してくる車列を前に、歴史のフィルムのコマが逆回しになったように感じたと報じました。

佐藤　核交渉がまた破談になるのではと人々が不安げに見守っていた気持ちがよく表れている優れた報道ですね。

手嶋　歴史の秒針を刻むのがジャーナリストの責務だと思いますが、現代史の瞬間を掬い取って見事です。

佐藤　あれから30年あまり、米ロ関係の土台となってきた核軍縮・軍備管理の条約もすっかり様変わりしてしまいました。

手嶋　まず、米国のトランプ大統領は、ロシア側の条約不履行を理由に、中距離核戦力全廃条約の履行義務の停止を表明し、２０１９年８月にはこの条約から脱退する意思を明確にしました。そしてプーチン政権は、23年2月21日、長距離核ミサイルの保有数などを定めた新戦略兵器削減条約（新ＳＴＡＲＴ）の履行を停止すると明らかにしました。

佐藤　一方で新興の核大国、中国は、長距離核ミサイルを急ピッチで増強し、北朝鮮も固形燃料を使った長距離核ミサイルの開発を進めています。核を巡る情勢は日を追って厳しさを増しています。

手嶋　そして、これまで詳しく検証してきたように、ウクライナの戦域では戦域核が使われる可能性が否定できなくなっています。米ソの首脳は30年あまり前に中距離核を全廃するという勇気ある決断を下したのですが、いまや現代史のフィルムのコマが現実に逆回しにされつつあるという感を深くします。

佐藤　こうした情勢を受けて、西側陣営が欧州の戦域に戦術核を配備するだけでなく、ロシア本土を標的とした中距離核を再び配備する可能性もあるかもしれません。そうなれば、当然、ロシアもまた対抗策に打って出て、世界は本格的な核軍拡に突入してしまいます。ウクライナの戦いが、核使用のタブーを破るきっかけとなり、核軍拡に火をつけることのないよう、国際社会はいまこそ行動を起こさなければいけないと思います。

第6章
ウクライナ戦争と連動する台湾危機

「核心的利益」を支え合うと誓った習近平とプーチン

手嶋　ウクライナの戦いは、日本にもエネルギーや食料の価格高騰という形で甚大な影響を及ぼしています。その一方で、戦争の火の粉が日本列島に直に降りかかってはこないだろうと日本人の多くが考えている。しかし、〝プーチンの戦争〟は地下水脈を介して東アジア、とりわけ台湾海峡に及んでいます。

佐藤　この間の習近平の中国とプーチンのロシアの動向を見れば明らかですね。

手嶋　台湾海峡をめぐる危機は、ここ半世紀、これ以上はない複雑な要素が絡み合って進行してきました。ただでさえ、外側から窺い知れないファクターが入り込んでいる台湾問題に、〝プーチンの戦争〟という新たなリスク要因が加わりました。

佐藤　ウクライナの戦いが台湾海峡に連動しつつある。台湾有事のオブザーバーである手嶋さんはそう見立てているのですね。

手嶋　中ロの動向を探る上で極めて注目すべき出来事がありました。2022年9月15日、中央アジアのウズベキスタン、あの〝青の都〟と呼ばれた美しいオアシスの街、サマルカンドで、ウクライナ戦争が始まって以来、初めて中国の習近平主席とロシアのプーチン大統領が会談したのです。冷戦後、中国がアメリカの一強支配に対抗する狙いで創設した「上海協力機構」の首脳会議を機に中ロ首脳の協議が行われました。

日本のメディアは、〝プーチンの戦争〟にどんな姿勢を示すか注目されたが、習近平はロシア支持を打ち出さず、冷ややかな姿勢に終始したと報じました。なんと凡庸な報道なのでしょうか。あらゆる国際法規を踏みにじる筋悪の戦争に国際世論を気にする習近平が表立って賛成するはずなどありません。ウクライナでの戦況もロシアが思うようには進んでいないこともありましたから。

佐藤　当時の状況で、プーチン大統領の振る舞いを公然と支持するというのは、かなり勇気の要ることだったはずです。（笑）

手嶋　そう、プーチンの筋の悪い戦争に明からさまな賛意を示すわけなどありません。中国は、建前としては、国連重視なのですから、国連憲章に反するような行為に賛成するわけにはいきません。しかし、実際の会談では、きわめて重要なやり取りがなされていました。中国外務省が明らかにしたところでは、習近平は「互いの核心的利益に関わる問題では強く支え合っていきたい」と述べていました。プーチンはここを勝負どころと踏んだのでしょう。「我々は『一つの中国』という原則を厳守する」と応じ、習近平の心臓を鷲づかみにしてみせたのでした。習近平も満面に笑みを湛《たた》えて手を差し伸べたといいます。

佐藤　「一つの中国」の原則を支持するではなく、厳守すると言ったのですから、プーチンの政治感覚がどれほど研ぎ澄まされているか、分かろうというものです。

手嶋　「一つの中国」の原則を厳守するとは、つまるところ、「台湾の独立を認めない」という盟約です。習近平は「いかなる国家も台湾問題で裁判官となる権利はない」と付け加え、アメリカが自国の核心的利益に介入することを断じて許さないという姿勢を示しました。これが、サマルカンドで中ロの首脳が取り交わした約束です。日本のメディアが報じた「終始冷ややか」という内実が全く違っていたことが分かりますね。

佐藤　中ロは「同床異夢」という報道もありましたね。中ロの首脳は、対米共闘をめぐる結束で距離が埋まらず、双方ともアメリカに対抗心を燃やしているが「同床異夢」だという分析をしています。両国は長い国境を接して対峙しているため、〝蜜月〟などほんのうわべに過ぎないと言うのでしょう。

手嶋　確かに、社会主義陣営の〝兄弟国〟といわれた1950年代ですら、中ソは旧満州の権益などを巡って水面下ではかなりの緊張を孕んでいましたから。社会主義という床で共に休んでいても、同じ夢など見たことはないと思います。

佐藤　ただ、アメリカという強大な敵を前にすれば、「核心的利益」を守り抜くために、進んで手を握るのでしょう。

手嶋　中国にとっての「核心的利益」とは、いうまでもなく台湾です。台湾の独立を阻んで、統一を果たすことにほかなりません。翻って、ロシアにとっての「核心的利益」とは何か。佐藤さんが本書で何度も指摘してきたクリミア半島とドンバス地方、さらには今次の戦いで奪い取ったウクライナの4州でしょう。

佐藤　そう思います。従って、習近平は、口に出して「プーチンの戦争」を支持はしないけれど、ロシアのウクライナ占領地の既得権を認め、しかるべき対応を取る用意がある、ということでしょう。

手嶋　ウクライナの地で戦うロシアと台湾有事に備える中国にとって、超大国アメリカは前途に立ちはだかる最大の障壁です。プーチン政権はウクライナでの厳しい戦局を凌ぐため、一方の習近平政権は台湾海峡でさらなる攻勢に出るため、アメリカの力を少しでも殺いでおきたいという利害で一致しています。

佐藤　まさに〝敵の敵は味方〟なのです。

手嶋　習近平の言う、核心的利益を「互いに強く支え合う」というくだりは極めて重要です。ウクライナの戦いと台湾海峡危機が、地下水脈を介して相連動していることを意味しています。日本では連日のように台湾海峡の軍事情勢が報じられながら、青の都で行われた中ロ首脳の会談について精緻な分析が少しも行われていない。私たちの懸念はまさにそれなのです。

アメリカの「股裂き」で崩れる抑止の効き目

佐藤　中ロから〝標的〟にされたアメリカが、こうした状況にどう対応するのか。かつてのニクソンやレーガンならともかく、バイデンで大丈夫なのかと、アメリカのことながら心配になってしまいます。冷戦期の険しいやり取りを目撃してきた我々にとっては、バイデン個人の力量もさることながら、超大国アメリカの力の衰えは、国際社会にとって最大の不安定要因になりかねません。

手嶋　アメリカ、衰えたり！　これは、もっと真剣に論議されてもいいきわめて重要なテーマだと思います。結論から言えば、いまのバイデン政権には、ウクライナの戦いをどう扱い、どのように終結に導くのか、確かな筋道が少しも描けていないように思います。〝ウクライナ戦争はアメリカが管理する戦争である〟――この佐藤さんの見立てに僕も同意しますが、アメリカは初めから、そうした絵図を思い描いて臨んだわけではありません。結果として、始まった戦争に追随して、戦局を管理しているにすぎないと思います。

佐藤　私も同じ意見です。アメリカは本来、太平洋と大西洋に挟まれた〝海洋国家〟ですから、ウクライナのような欧州大陸の錯綜した国家に関わりたくなかったはずです。

手嶋　アメリカ建国の父たちも、その後継者も、欧州の汚れた政局に巻き込まれたくないと考える〝孤立主義〟の遺伝子をもった指導者でした。

佐藤　そう、欧州の問題は、欧州で片をつけてほしいというのが本音でしょう。そもそも、ロシアは気に食わない存在だけれども、発足時のバイデン政権にとっては、当面の主敵は習近平の中国でした。

手嶋　トランプ共和党からホワイトハウスを奪還したバイデン民主党は、海に、空に、宇宙に力を背景として攻勢を強める「習近平の中国」を抑え込むため、持てる戦略資源のすべてを台湾海峡に振り向けようとしていました。台湾有事に備えて、政権の中枢にインド太平洋調整官のポストを新設し、かつての台湾危機に関わってきたカート・キャンベルを据えたこと一つとってみても、政権の決意のほどが窺えます。

佐藤　安全保障とは、決まって想定せざる分野に変事が持ち上がります。バイデンのアメリカは、まさしく柔らかい脇腹を突然突かれたと言っていいでしょう。危機の芽は十分すぎるほどあったのですが——。

手嶋　バイデン民主党政権は、台湾有事に備えると同時に、ウクライナ戦争にも対応せざるをえなくなり、股裂き状態となります。超大国アメリカは、二つの戦略正面に対峙せざるを得なくなったのです。そして、ウクライナの戦いが長期化するにつれて、ウクライナの戦域に膨大な戦費と武器を投入せざるをえなくなります。

その結果として、肝心の中国に対する抑止力は徐々に殺がれつつあり、台湾海峡のうねりは高まりつつあります。キャンベル・チームは、ウクライナへの支援に追われて、米国の台湾海峡での抑止力が脆弱化することに懸念を募らせているにちがいありません。

佐藤　ウクライナ戦争が始まってから、バイデン政権は一貫して、米ロが直接対決に至らぬよう慎重に行動してきました。ですから、インテリジェンスやサイバー戦は、ゼレンスキー政権を全面的に支えながら、攻撃的な兵器の供給はできるだけ抑えようとしてきました。ＮＡＴＯの中核を担うドイツも、ロシアにエネルギー供給を依存していることもあって、同じスタンスだったと思います。しかし、ロシアの脅威に直にさらされているバルト三国やポーランドの突き上げもあって、新鋭戦車「Ｍ１エイブラムス」の供与に踏み込んでいきました。

手嶋　確かに佐藤さんご指摘のとおり、アメリカの誤算はあったと思います。バイデン政権は、ウクライナがＮＡＴＯに加盟していないという建前を前面に押し出し、後方支援に徹するいわば〝間接戦争〟を選びました。実は、アメリカという国は、こうした間接戦争を戦った経験があまりありません。朝鮮戦争、ベトナム戦争、湾岸戦争、アフガン戦争、イラク戦争と、自らが先頭に立って兵士を送り込む〝直接戦争〟を戦ってきた国なのです。

佐藤　間接的に関与していた結果、ますますウクライナに足を絡めとられてしまった。「管理された戦争」の内実が変質しつつありますね。

大統領は「上海コミュニケ」の半分を破り捨てた

手嶋 東アジアにおける超大国アメリカのプレゼンスが大きく変質しつつある――それを象徴的に示す出来事が、2022年5月の日米首脳会談の後、バイデン・岸田の両首脳が揃って臨んだ記者会見でした。バイデン大統領に米側の記者が決定的な質問を投げかけました。「中国が台湾に侵攻した場合には、軍事的に関与するのか？」と。これに対してバイデン大統領は「イエス」と応じ、「それは我々のコミットメントだ」と言い切りました。それ以前にもバイデンは米国内で同じ趣旨の発言を二度ほどしています。しかしながら、今回は日米同盟の一方の当事国の日本で、しかも北京の前浜できっぱりとそう断言したのでした。

佐藤 歴代のアメリカ大統領は、民主、共和の違いを超えて、台湾有事に武力介入するか否か、明言を避けてきましたから、大きな波紋を広げました。

手嶋 それゆえアメリカの「曖昧戦略」と呼ばれてきました。しかし、このバイデン発言は、それを根底から覆すものでした。

佐藤　アメリカが東アジアで堅持してきた〝戦略的曖昧性〟には、半世紀に及ぶ対中国、対台湾政策が投影されているのですね。

手嶋　そう、まずは、米中の劇的な接近が試みられた１９７１年７月まで現代史のコマを巻き戻してみましょう。この２年前の69年には、社会主義陣営を二分して対立していた中ソ両軍は、両国の国境地帯にある珍宝島（ダマンスキー島）で衝突します。中ソ両国は遂に武力紛争に突入します。中国との国境地帯に集結していたソ連軍には、核兵器を装備した部隊も含まれていました。

佐藤　当時のクレムリンの首脳陣は、隙あらば中国を核で攻撃する構えを見せていたのですね。

手嶋　中ソ両国を除けば、核戦争の危険が忍び寄っていたことに気づいていたのは、優れた諜報能力を持っていたアメリカだけでした。ニクソン政権の国家安全保障担当の大統領特別補佐官だったヘンリー・キッシンジャーは、「国務副長官声明」を自ら起草して、ソ連が中国を核で攻撃するような事態となれば、アメリカは中国の側に立つというメッセージをクレムリンに送ったのでした。

佐藤　２年後の米中の劇的な接近の素地はこのとき出来上がっていたとみていいのです

ね。

手嶋　そう思います。71年7月、キッシンジャー補佐官は、パキスタンを訪れ、ここで病気療養を理由に突然姿をくらまします。中国が差し向けた特別機に乗って極秘裏に北京に姿をあらわしました。そして中国の国務院総理、周恩来と文字どおり世界を変えた極秘交渉に臨んだのでした。ソ連を出し抜いて、米中が密かに手を握るための交渉ですから、他の懸案については歩み寄りが図られたのですが、米中の喉元に突き刺さった一本のトゲだけはどうしても抜けなかった。それが台湾問題でした。

佐藤　中国政府は台湾を中国の密接不可分な一省であると譲らず、ニクソン政権は台湾の国民党政権を全中国を代表する唯一の正当な政府だとしていたのですから、米中の主張はまったくの平行線で、妥協の余地などありませんでした。

手嶋　キッシンジャーと周恩来は、その平行線を交わったとコミュニケで表現し、ニクソン訪中を実現させるという不可能に近い責務を担って交渉を続けていたのです。20世紀外交界を代表するこの二人の実力をもってしても打開策など簡単には見つかりません。周恩来の通訳を務めていた米国育ちの女性が出したアイディアだともいわれていますが、「台湾海峡を挟む両岸のすべての中国人は、それぞれに中国は一つだと言っている」と表現することで、二人は最大の難所を乗り切ったのでした。

佐藤　72年2月、アメリカ大統領リチャード・ニクソンが訪中し、毛沢東主席などと会談し、歴史的な米中和解が成ります。そして上海で「コミュニケ」を発表し、劇的な米中の和解を成し遂げます。この「上海コミュニケ」の核心部分がいわゆる「台湾条項」といわれるものですね。

手嶋　この「台湾条項」こそ、米中関係を安定軌道に乗せる礎となった歴史的文書です。「台湾条項」は、二つの柱から成り立っています。いずれも主語は米国政府で、一つは「米国は両岸のすべての中国人が中国はただ一つであり、台湾は中国の一部分だと主張していることをacknowledge、つまり知り置いている」と表現しています。いま一つは、「米国は中国人による台湾問題の平和的解決に米国の関心を再確認する」というものです。

佐藤　二番目の「台湾問題の平和的解決」に関する関心のくだりには、深い意味が埋め込まれているのですね。

手嶋　そのとおりです。平和的解決の枠組みが崩れて、中国が台湾に武力介入すれば、米国政府はそれを座視せず、米空母機動部隊を海峡に投入するという決意が滲ませてあります。もっとも、米中和解の盟約ですから、米国は暗に中国を牽制するにとどめたのです。一方で、台湾にも有事に際して米国が軍事力で支援するとは限らないとクギを刺し、台湾の独立派が、米国の意向を無視して独立に傾くことを秘かに牽制したのでした。台湾有事に際して、米国が武力発動を明言しない苦心の条項は、「曖昧戦略」の拠り所となりました。

佐藤　東アジアでは、実際に半世紀にわたって台湾海峡の波はおおむね穏やかに保たれてきました。96年には台湾の総統選挙に際して台湾海峡危機が顕在化しましたが、軍事的な衝突には至りませんでした。

手嶋　しかし、バイデン大統領は、東京で台湾の防衛は米国のコミットメントだと明言し、米国の「曖昧戦略」を覆したのでした。これは米中関係の政治的基盤となってきた「上海コミュニケ」の心臓部とも言うべき「台湾条項」の二本柱の一つである「平和的解決」の約束を破り捨てたことを意味します。

佐藤　外交上、いまの手嶋さんの分析は、読者の方々には解説が必要でしょう。常の共同コミュニケは、米国と中国を共に主語に仕立てて、これこれのテーマで一致したと記述します。ところが台湾条項では、中国側は「台湾は中国の領土の一部であり、武力を行使してでも解放する」というのが譲らぬ主張です。このため、米国側の主張を併記した異例のものになっています。米国政府は「平和的解決を再確認する」とクギを刺したのでした。

手嶋　いくら両論併記の形をとっても、北京の主張に全く反するような内容を台湾条項に書かれては、米中和解の文書にはなりません。周恩来が毛沢東にも示して了解を取り付けたに違いありません。

佐藤　周恩来は「平和的解決」の文言を黙認する見返りに、いま一つの条項に「一つの中国」の文言が入るのを見届けたのでしょう。

手嶋　まさしく現代史の行方を決めた、両雄の息詰まるような知的な格闘ですね。「一つの中国」というキーワードは、つまるところ、台湾の独立を認めないという米中の暗黙の合意だったのです。キッシンジャーは、中国寄りの「一つの中国」政策を飲まされたと米国内の台湾ロビーに非難されないよう、両岸のすべての中国人は「中国は一つ」と言っていることを事実として知り置いていると表現したのでした。

佐藤　これなら、「認める」と表現するより、どちらかに偏することがないですね。外交交渉の真髄を垣間見る気がします。

手嶋　しかも、このacknowledgeという言葉は、あろうことか、周恩来がハーバード大学の花形教授だった人にそっと教えたというのです。まさしく敵に塩を送っているのです。

佐藤　それほどまでに「中国は一つ」という文言を欲していた。

手嶋　当時の毛沢東と周恩来にとっては、ソ連が突き付けている核の脅威がそれほどに切実だったのです。余談になりますが、この極秘交渉の翌月、僕は北京に滞在していて、周恩来総理に長時間にわたって会見したのです。我が郷里の北海道は、北方領土問題を抱えていましたから、当時の中国にとっては戦略的に重要で、夏休みを利用して訪中した〝悪ガキ〟を大切に遇してくれたんです。会見の最中に周恩来は突然「北海道から来た若い朋友たちに中国人民が営々として造りあげた地下の大防空都市を見ていただきましょう」と初めて北京の巨大な核シェルターに案内されました。中国の首脳陣が北方からの核攻撃をどれほど恐れていたか、〝悪ガキ〟の僕は目の当たりにしたんです。

佐藤　現下のウクライナ情勢を考えるうえで、示唆に富むエピソードですね。ソ連の核攻撃を凌ぐために、もう一つの大国、アメリカに接近する。そのために、どうしても取りまとめておきたかった「台湾条項」の一つをバイデンは卓袱台《ちゃぶだい》返しにした。バイデンは失言をしたわけでも、認知症を患っているわけでもないでしょうから、手嶋さん、彼の真意をどう読み解きますか。

手嶋　これこそ剛速球の質問ですね。実は、バイデンという政治家は、上院議員時代から一貫して外交委員会に所属し、79年の米中の国交樹立に際して、米議会が可決した台湾関係法のとりまとめにも尽力しています。台湾に防衛的な武器を供給する米国の政策に精通しているだけでなく、「台湾条項」が海峡の波を永きにわたって穏やかに保つのにどれほど役立ってきたのか、その機微を知り尽くしています。にもかかわらず、平和的解決のくだりを覆した。それは、米連邦議会の上下両院で、力の攻勢を強める習近平の中国に批判が強まっていることを受けて、バイデン民主党も従来の対中国、対台湾政策の舵を切ったのだと思います。

佐藤　しかし、バイデン大統領も、ホワイトハウスで台湾政策を司るカート・キャンベルも、一貫して「米国の台湾政策に変わりはない」と述べているのはなぜでしょう。

手嶋　「曖昧戦略」の終焉に関しては、カート・キャンベルにインタビューしたことがあります。クリントン政権の国防次官補代理でしたが。彼は「96年の台湾危機で中国がミサイルを発射し、米軍が台湾海峡に二個機動部隊を派遣して武力発動を辞さない姿勢をみせた時点で〝曖昧戦略〟はなかば崩壊してしまった」と語っていました。でも、アメリカ側が「平和的解決は困難になった」と明言すれば、ガラス細工のように精巧な「曖昧戦略」は消滅してしまうと考え、高度な政治判断で死滅させなかったのでしょう。

バイデン政権の対中国、台湾政策は明らかに変わったのですが、「変わっていない」と強弁しています。これについての解釈は、当初、例によって僕は少数意見だったのですが、間違っていないと思います。台湾条項の二本柱のうち、「平和的解決」のほうは事実上破棄して、中国が武力解放に踏み切れば、米国も伝家の宝刀を抜くことを示唆した。つまり従来の「曖昧戦略」を清算した。ただ、残りの一つ、「一つの中国」政策は変えないとしているため、敢えて「変わっていない」と強弁してきたんだと思います。台湾の独立を認めれば、米中戦争に発展することは承知しているはずですから。

佐藤　2022年の11月、インドネシアのバリ島でバイデン大統領と習近平主席が会談しました。この席で習近平主席は「米国は口先では一つの中国政策を支持すると言っているが、米中の約束を誠実に守ってもらいたい」とクギを刺しました。つまり、「一つの中国」政策すら、ないがしろにしていると不満を表明した。

手嶋　それに続いて、台湾問題こそ米中にとって「レッドラインだ」と述べ、米国が台湾の独立を認めることに傾くなら、中国は武力行使も辞さないと強硬なメッセージを伝えました。「上海コミュニケ」の「台湾条項」によって築かれた米中の安定した関係がいま大きく揺らいでいることがお分かりでしょう。台湾海峡に中国の空母「遼寧」が姿をみせ、米第七艦隊が通過するといった軍事的な緊張ばかりが報じられていますが、米中関係の危機の本質は、安定的な政治の礎が音を立てて崩れているこの一点にあると思います。ニクソン大統領の懐刀だったヘンリー・キッシンジャー補佐官、周恩来総理、台湾の李登輝総統、そしてカート・キャンベル調整官など台湾条項に関わった関係者と会い、「曖昧戦略」の誕生から今日までを見てきた者として、現状を深く憂慮せざるをえません。

半導体が高めた台湾の地政学的な重要性

佐藤　アメリカが台湾政策を意図的に転換させたというのは、非常に重要な指摘です。私はそこには、中国、台湾の変化を見据えたうえで、時代に即した外交の幅を作りたいという意図も働いたのではないのかと思うのです。客観的にみて、中国の力がついた。

そして、実は台湾も力をつけている。

日本経済新聞編集委員の太田泰彦さんが、『2030 半導体の地政学 戦略物資を支配するのは誰か』という本に書いているのですが、台湾積体電路製造（TSMC）という会社は、他社から受託して半導体を生産するファウンドリーの市場で60％のシェアを占めるばかりでなく、技術力すなわちチップの集積度の高さでも他の追随を許しません。台湾には、他にも有力なファウンドリーが集まっていて、書名にあるように地政学的な存在感が、いや増しているわけです。

中国にどれだけ工場が増えたといっても、台湾の半導体がなければ、世界に太刀打ちできる製品はつくれない。アメリカからすれば、もし本当に台湾が「一つの中国」に呑み込まれてしまったら、そのテクノロジーのサプライチェーンから排除されてしまうかもしれません。様々な情報が吸い取られるリスクもあります。

手嶋　現代の産業の〝コメ〟である半導体は、広範なものづくりに絶大な影響を与えているだけではありません。国際政治や経済安全保障にもインパクトを与える戦略物資です。

佐藤　だからアメリカは、「台湾の半導体」を取り込もうと腐心もしてきました。莫大な補助金を出してTSMCの工場をアリゾナ州に誘致したのも頷けます。太田さんの本には、アメリカがいかに半導体を重く捉えているのかが分かる、次のようなエピソードが紹介されています。

「釘が1本足りないため、馬の蹄鉄が駄目になった。蹄鉄一つがないため、馬が使えなくなった……」

米国の第46代大統領に就任してからわずか約1カ月後のこの日、バイデンはマザーグースを引用して半導体サプライチェーンの重要性を強調した。もともとの歌詞はこう続く。馬が走れないので、騎士が乗れず、騎士が乗れないので戦いができず、戦いができないので王国が滅びた……。

釘とは半導体チップのことだ。

（『2030　半導体の地政学　戦略物資を支配するのは誰か』太田泰彦、2021年、日本経済新聞出版）

手嶋　少し前のアメリカの資本主義は、繊維産業や鉄鋼産業が消滅しても、システムの構築力や情報力は群を抜いており、世界の首座は揺るがないと考えていた節がありました。しかし、いまや尖端的な半導体産業を国内に擁していなければ、アメリカの覇権は立ちゆかないと考えるようになりました。〝半導体チップ恐るべし〟ですね。

佐藤　アメリカや中国にとっても、半導体王国となった台湾は〝核心的利益〟です。それだけにアメリカは、安定した米中関係を時に犠牲にしても、新たな核心的利益となった台湾という半導体王国を握っておくことが肝要と考えている節もあります。このように戦略環境が変化するなか、アメリカからすれば、半世紀も前の〝ゲームのルール〟に囚われすぎるのもいかがなものか、そう思い始めているのでしょう。

手嶋　確かに尖端的な半導体産業は、新しい〝ゲームのルール〟を左右するほどに重要だということですね。

佐藤　バイデンは持ち前の「老人力」を駆使しつつ、台湾条項の見直しに敢えて踏み込んだようにも思います。2021年3月に、テレビ番組で司会者から、「プーチン氏は殺人者だと思うか?」と問われて、バイデン大統領はしばし考えてから「そう思う」と答えて、ロシアが駐米大使を召還する騒ぎに発展しました。

手嶋　あのときも、あのバイデンだからと、あの程度で収まった面もあると思います。

〝老人力〟侮るべからず。

佐藤　前任者のトランプは、ディールに拘《こだわ》り過ぎましたが、バイデンは、ロシアに厳しく出るぞと外交の幅を広げようとしたわけです。こういう局面では、〝老人力〟はまことに使い出があります。

バイデンの揺らぎが台湾有事を呼び込む

手嶋　バイデン大統領には、巧まざる〝老人力〟や即興の対応力はあるのですが、台湾政策を転換するに際して欠かせない明確な対中戦略は持ち合わせていないと思います。

佐藤　ロシアのウクライナ侵攻に際した対応も同様ですね。そこには透徹した戦略眼は感じられません。

手嶋　第2章でも触れましたが、日本のメディアは、ウクライナ戦争の開戦前夜に、バイデン政権は巧みな情報戦略を発動したと賞賛しています。しかし、どこが〝巧み〟なのか、僕には理解できません。機密情報の手の内を明かしたくらいで、稀代のインテリジェンス・マスターであるプーチンを動かすことなどできるはずがありません。同様に、対中国、台湾政策を巡るバイデンの言葉の揺らぎを北京がどう受け止めて、どう行動するのか、先の先まで読んでいるとは思えません。

佐藤　バイデン大統領の東京での発言からおよそ2ヵ月後の2022年8月2日には、当時のナンシー・ペロシ下院議長が台湾を訪れ、中国を大いに刺激しました。

手嶋　ペロシは、国民党政権下の政治犯の拘置所跡である「国家人権博物館」を訪問し、台湾の民主化を絶賛しました。さらには、香港から台湾に逃れてきた書店の店主にも面会するという念の入れようでした。台湾に「自由と民主主義」が根付いていることを様々な形で褒め上げ、中国を批判しました。

佐藤　ペロシの訪問は、中国の台湾侵攻を誘発しかねないリスクを孕んでいます。ペロシは下院議長の退任を見据えて、意図して中国を刺激するために訪台したのですが、台湾の反中国派のなかにも本音では迷惑だと受け取った人たちがいたはずです。

手嶋　果たして、習近平政権はこれに激しく反発し、「報復」に打って出ました。中台の中間線を越えて「重要軍事演習」を敢行し、台湾を取り囲むように9発の弾道ミサイルを発射し、このうち5発は日本のEEZ（排他的経済水域）に落下しました。北京の指導部は、弾道ミサイルに実弾を込めるよう前線の部隊に命じました。1996年の台湾危機では空砲でしたから、緊張のステージは明らかに高まっています。これに対抗して米海軍も原子力空母「ロナルド・レーガン」を中核とする空母打撃群をフィリピン海に出動させました。

佐藤　台湾海峡を実弾が飛び交う事態になれば、日本列島も台湾有事から無縁ではいられません。

手嶋　日米の安保体制は、究極のところ、台湾有事に備えたものですから、米中が相戦うことになれば、台湾有事は、直ちに日本有事に転化します。米軍基地が置かれている日本列島は、中国が放つミサイルの標的になります。

ウクライナ戦争で〝タナボタ〟の利を貪る北朝鮮

手嶋　北朝鮮はこれまで以上に新鋭の弾道ミサイルや巡航ミサイルの発射実験を繰り返しています。一連の北朝鮮の攻勢は、ウクライナ戦争と台湾危機に深く連動していると捉えるべきです。

佐藤　ええ、東アジアの危機という点では、日本にとってのもう一つの脅威である北朝鮮も、ウクライナの戦いと台湾海峡の緊張の高まりと深く関わっています。北朝鮮の金正恩政権は、この二つのクライシスから降って湧いたような経済的、軍事的な利益を直接的に得ていると思います。それは日本にとっては直ちに脅威が増すことを意味します。

手嶋　実は、北朝鮮はウクライナとも密やかで深い関係を持ってきたのですが、日本のメディアからはそうした視点がすっぽり抜け落ちています。

佐藤　ロシアがウクライナに軍事侵攻するに際して、「ルガンスク人民共和国」と「ドネツク人民共和国」の独立を承認した、という話を思い出してください。北朝鮮は、シリアに続いて2番目に、これらの「国家」を承認しました。当然、ウクライナは北朝鮮と断交する、と発表します。実は北朝鮮は、それまでウクライナと軍事面で密接な協力関係にありました。この辺りの事情に関しては、手嶋龍一著、インテリジェンス小説『ウルトラ・ダラー』が格好の副読本です。

手嶋　佐藤さんが、この物語が出版された後、「日本に突然変異のように現れたインテリジェンス小説だ」と評してくれました。『ウルトラ・ダラー』は、北朝鮮が精巧に刷った偽百ドル札の事件を扱った物語と考えられがちです。でも、著者の立場からすると、偽札を使って何を試みたのかをテーマにしています。北の独裁者は、中国の手を借りて、旧ソ連の兵器廠だったウクライナからミサイル技術、とりわけ巡航ミサイル「X55」の現物と誘導技術を買い付けようとしたのです。兵器大国ウクライナは、武器と武器技術の輸出を介して東アジアの安全保障に重要な影響を与えてきたのです。

佐藤　ワシントン特派員でありながら、ウクライナと北朝鮮が繰り広げる新鋭兵器の密輸の実態をあれほどリアルに描きだしたのは驚きでした。巨大な情報機関が、詳細な情報を提供し、平和を貪っていたニッポンに警鐘を鳴らそうとした。これが当時の僕の見立てでした。

手嶋　当時もいまも、佐藤ラスプーチンのような情報のプロフェッショナルに「そうです」などと頷けるわけがありません。（笑）

佐藤　情報源のことはさておき、今度のウクライナ戦争で、ウクライナと東アジアを結ぶ地下水脈があらためてクローズアップされたと思うのです。「ルガンスク人民共和国」と「ドネツク人民共和国」を承認すれば、ウクライナから直ちに断交されると分かっていたにもかかわらず、なぜ北朝鮮はそんな行動を取ったのか。両「人民共和国」との外交関係の樹立は、ウクライナとの断交を上回るメリットがある、と計算したからにほかなりません。

手嶋　具体的にどんな見返りがあったのでしょう？

佐藤　ロシアの評論家ドミトリー・ヴェルホトゥロフが、ロシアの通信社「スプートニク」の配信記事（2022年8月16日）で詳しく解説しています。一つは、戦いで破壊された現地に建設労働者が出稼ぎに赴くことです。これもあまり知られていませんが、北朝鮮の外貨の稼ぎ頭は、武器の輸出ではないのです。特に中東では、その技術力の高さが評価され、多くの建設労働者が派遣されてきました。ウクライナ周辺でも重宝されて、「タジク人が1週間ですることを、北朝鮮人なら半日あれば十分だ」という諺があるほどです。復興の基礎工事はロシアから派遣された人間たちがやり、手間のかかる建物の内装を北朝鮮からの建設労働者が請け負います。

手嶋　戦火ですべてが破壊された地域では、さぞかし引く手あまたでしょうね。

佐藤　彼らが手にするのは、ロシア・ルーブルなのです。ルーブルさえあれば、北朝鮮は、彼らが必要とする食糧、燃料、それに医薬品などをロシアから買うことができる。北朝鮮労働者の受け入れは、国連による制裁の対象ですが、両「人民共和国」は国連未加盟ですから、ノープロブレム。見事な制裁の抜け道になるのです。

手嶋　北朝鮮の〝隙間産業〟は侮りがたいなあ。

佐藤　対ウクライナ侵攻で、ロシア国内ではハイパーインフレーションが起こり、ルーブルは紙切れ同然になるというのが、アメリカの目論見でした。現実はどうか。開戦時におよそ1ドル＝76ルーブルだった為替相場は、直後に一時1ドル＝150ルーブルほどまで暴落します。

手嶋　ところがすぐに持ち直して、むしろドル安・ルーブル高になってしまいました。

佐藤　様々な情報分析をする際には、一度先入観とか価値観とかをおいて、そういう事実を虚心坦懐に見つめてみることが重要だと思うのです。

北朝鮮の実益その2ですが、これがさらに厄介な話なのです。ロシアに攻め込まれたウクライナ軍が退却するときに、放棄していったアメリカ製の兵器やその操作マニュアルが、戦利品としてルハンスクとドネツクに大量に残されています。北朝鮮にとっては、これは宝の山です。

手嶋　北朝鮮がそれらの兵器を手に入れ、自国に運び込む可能性があるわけですね。

佐藤　例えば、主として対戦車に使われる携行式のジャベリンミサイルが大量に持ち込まれれば、韓国にとって大きな脅威になるでしょう。それだけではありません。ロシアにある北朝鮮駐在武官事務所には、ロシア語が堪能な将校がいます。彼らを現地に派遣して戦利品を検分させたり、〝トリセツ〟を読ませたりするだけでも、大きな収穫になります。ヴェルホトゥロフは、次のように言っています。

破壊されたり損傷した装備品の調査にも大きな関心がもたれている。損傷の性質は、西側の軍事装備品の脆弱な部分を示しており、それらを破壊する戦術の改善に役立つ。韓国の軍事装備品は多くにおいて西側の装備品に類似しており、米国が用いる武器を目にするチャンスであるため、これは北朝鮮司令部にとって間違いなく価値がある。

（「スプートニク」22年8月16日配信）

今まで、裏の闇市場で苦心惨憺しても、なかなか手に入れられなかった兵器の現物や生きた情報が我がものにできるのですから、彼らにとってこんな幸運はないでしょう。

手嶋　アメリカの軍産複合体と同じで、北朝鮮にとっても、〝タナボタ〟なんです。

ウクライナ戦争でタガが外れたミサイル発射

佐藤　ルガンスク、ドネツクの「人民共和国」をいち早く承認し、北朝鮮は大きな実利を懐にしました。しかし、北朝鮮はウクライナ戦争によってさらに大きな余禄を得ています。戦争が始まって以来、花火のようにミサイルを発射しながら、国際的な批判は少しも盛り上がらない。

手嶋　国連安保理でも、ロシアと中国が賛成しませんから、北朝鮮非難の決議案は通らない。

佐藤　実は、ロシアも中国も、北朝鮮が核を保有することには、本音ではずっと冷ややかな態度を取り続けてきました。

手嶋　核は自分たちのような大国が独占していたい。朝鮮半島で勝手に核戦争など始められては大いに迷惑ですからね。

佐藤　ところが、ウクライナ戦争が潮目を決定的に変えてしまった。クレムリンはかつて北朝鮮から「核は保持していないし、開発もしていない」という嘘話をさんざん聞かされていたわけですよ。実際にロシアはそうした不実な態度を取る北朝鮮を批判してきた。

手嶋　ところが、いまやロシアはウクライナでアメリカと〝間接戦争〟を戦い、中国は台湾海峡を挟んで鋭く対峙している。ロシアと中国にとって共通の敵であるアメリカの力を何とか殺ぎたいと考えています。

佐藤　こうした状況下で北朝鮮が核ミサイルの〝火遊び〟を繰り返す状況は決して不都合なものではありません。アメリカにとって、ウクライナと台湾海峡という二つの戦略正面に加えて、北朝鮮という戦略正面が加わることは深刻です。相対的に中ロへの抑止力はおおきく減殺されてしまいます。

手嶋　控えめに言って〝2・5正面戦略〟を強いられることになる。アメリカの抑止力は北朝鮮の攻勢で分散されざるをえない。

佐藤　2023年2月の北朝鮮によるICBM（大陸間弾道ミサイル）などの発射を受けた国連安保理では、中国の次席大使が「北朝鮮は強大な安全保障上の脅威に直面している」と米韓などを批判し、ロシアのポリャンスキー国連次席大使も「北朝鮮に一方的な武装解除を求めるから事態が行き詰まる」とアメリカを批判しました。

手嶋　中ロは足並みをそろえて北朝鮮を擁護しました。アメリカがウクライナと台湾海峡に足を絡め取られて、抑止力をすり減らしていると見抜いているからです。これがいまの国際政局の現実なのです。北朝鮮の金正恩政権は、そんな外的環境を存分に活用し、核ミサイルの発射実験を繰り返しているわけです。表向きは、米韓合同軍事演習への対抗措置と説明されます。いまや金正恩率いる北朝鮮は、ウクライナ戦争と台湾危機を存分に利用して核大国を目指し、強権体制を揺るぎないものにしようとしています。北朝鮮側も日米同盟の抑止力に陰りが生じていると踏んでいるのでしょう。東アジアの戦略環境が大きく変わりつつあると心得るべきでしょう。

佐藤　ここでも、日本に対する現実的な脅威が高まっているのは確かです。

第7章
戦争終結の処方箋
日本のなすべきこと

ついにロシアは総力戦態勢に　ありうる「10年戦争」

手嶋　ウクライナ戦争はいつか終わります。ただ、戦いの最終盤ほど要注意です。アジア・太平洋戦争でも、１９４５年の８月にソ連の参戦や広島・長崎への原爆投下と幾つもの悲劇に見舞われています。

佐藤　そうです。追い詰められたプーチンが、戦術核のボタンを押してしまう恐れがあります。この場合、正確には〝地球の終わりの始まり〟と言ったほうがいいかもしれません。戦術核戦争が戦略核戦争に発展する可能性があるからです。

手嶋　ロシアが核を使えば、米軍をはじめＮＡＴＯの地上軍は、その報復としてウクライナの戦域に攻め入り、ロシア本土にも攻撃を加える可能性があります。劣勢に立ったプーチン大統領は、戦略核のボタンにも手を伸ばす恐れもなしとしない。これこそウクライナ戦争の〝最悪のシナリオ〟と言っていいでしょう。

佐藤　確かに最悪の事態ではありますが、その場合は比較的早く戦いにけりがつくことになります。私はこのウクライナ戦争は、膠着状態が長引いて「10年戦争」になってもおかしくはないと真面目に思っています。

手嶋　欧州での戦争が10年の長きに及べば、その負の影響は計り知れません。

佐藤　アメリカとドイツは、それぞれの主力戦車「エイブラムス」と「レオパルト２」のウクライナへの供与を決めました。これに先立ちイギリスも、やはり主力戦車の「チャレンジャー２」の供与を表明しています。ロシアの脅威に晒されているポーランドは、自国が所有する「レオパルト２」などをウクライナに早々と提供し始めています。

手嶋　これら西側陣営の戦車に座上して戦うのはウクライナの兵士ですが、外側から見ればロシアの戦車群とＮＡＴＯの戦車群が激突する構図となります。

佐藤　ロシアは、西側諸国がこの戦争に直接関与していると反発しており、「ロシア対ウクライナ」から「ロシア対西側連合」の戦いに様相を変えつつあります。

一方、２０２３年１月11日、ロシア軍の制服組トップ、ゲラシモフ参謀総長が、対ウクライナ戦の総司令官に就任しました。この人事は非常に大きな意味があります。ロシアは、ウクライナ侵攻を「特別軍事作戦」と称し、その矮小化に努めてきました。しかし、ゲラシモフが名実ともに作戦の指揮をとることで、ロシアという国家の総力を挙げた戦争だと意思表示をしたことになるからです。

手嶋　現実は争いのフェーズを切り上げながら、長期戦の様相を濃くしていますね。

佐藤　ただ、〝10年戦争〟は、今年中に〝二つの山〟を越えた場合にという条件付きです。

手嶋　戦争は兵糧が尽きれば継続できません。具体的にいかなる条件が戦争の前途に待ち構えているのでしょうか。

佐藤　一つは、23年の春から夏にかけてのウクライナの食糧不足です。旧ソ連圏の諸国はどこも厳しい冬に備えて食糧の備蓄が欠かせません。ウクライナも、春までの食べ物は一応あるはずですが、穀倉地帯はロシア軍に占領されている東部と南部が中心ですので、戦争の影響で穀物の収穫が十分にできなければ、戦争の遂行に影響が出てきます。ロシアによる電力インフラの破壊で電力も不足し、鉄道による物資の流通も滞っています。

手嶋　23年中に兵糧が尽きてしまえば、確かに戦争を続けることは難しくなりますね。

佐藤　二つ目の山場は、23年の秋から冬にかけ、欧州各国がエネルギーの不足に見舞われ、ウクライナ支援に支障がでるケースです。特に苦しいのが、開戦前までロシアの天然ガスに大きく依存してきたNATOの要のドイツです。ロシアのかわりに欧州がアメリカから輸入している天然ガスの価格は、ロシア産の4倍です。エネルギー価格の高騰に抗議する民衆のデモが各国で起きています。23年の冬は、さらに深刻なものになるでしょう。

ウクライナと西側陣営は、戦況とは別に、ともに食料とエネルギーの不足に悩まされています。でも、この二つの障害をなんとか乗り切ってしまえば、戦争はだらだらと果てしなく続くかもしれない。戦争続行のシステムさえ整ってしまえば、10年に及ぶ長期戦になる可能性があると考えています。

手嶋　ウクライナが今後も戦い続けるには、財政面でアメリカなど西側陣営から継続的な支援を受けなければなりません。アメリカの連邦議会では下院の共和党強硬派を中心に「ウクライナに白紙の小切手を渡すべきでない」というアメリカ・ファーストの声が出始めています。

佐藤　これはロシア側からの情報ですが、現在、ウクライナ政府は十分に税金を集められず、予算額の半分くらいしか充当できていません。危機的な財政状況になっています。

ですから、公務員給与などは、米国が肩代わりしているんです。この情報については西側政府筋からも確認を取っています。この先も、西側諸国が「自由と民主主義のための戦い」を支持するなら、膨大な財政支援を続ける覚悟が必要でしょう。西側陣営は、それぞれの国家予算に「ウクライナ戦争税」といった別枠を設ける必要もあるかもしれません。当然、その請求書は、日本にも回ってきますよ。

戦略的連携に動く習近平とプーチン

手嶋　ウクライナ東部の要衝バフムトの攻防を巡って、いまこの瞬間も、ロシアとウクライナ両軍の兵士は死闘を繰り広げています。こうしたさなか、中国の習近平国家主席が、２０２３年3月20日、ロシアのプーチン大統領をクレムリン宮殿に訪ねて会談しました。

佐藤　ウクライナ戦域で戦いが始まって以来、習近平主席がモスクワを訪れるのはこれが初めてです。しかも両首脳は、クレムリン会談の冒頭の模様をメディアの前でそのまま公開しました。これもかなり異例のことです。

手嶋　習近平主席は、ウクライナ戦争に関する12項目の和平提案を２月に明らかにしています。このモスクワ会談でプーチン大統領がこの中国提案にどう応じるか。国際社会の目はこの一点に注がれていました。

佐藤　まずプーチン大統領が会談の冒頭で「ウクライナの深刻な危機の解決を目指す中国の提案をよく承知している」と述べ、中国の「12項目の和平提案」を「建設的」だと評価し、真剣に受け止めていると伝えました。これを受けて習近平主席は「中ロは包括的・戦略的協力パートナーシップ関係にある」と述べ、緊密な両国の関係をテコに和平の糸口を探っていくと応じました。

手嶋　ただ、このクレムリン会談でロシアのプーチン大統領は、停戦に同意したわけではありません。そもそも中国の和平提案なるものには、領土の具体的な扱いが全く示されていません。中ロは水面下でかなり具体的なやり取りを交わした模様ですが、ロシア側はいまの時点では和平交渉のテーブルに着くことに難色を示したのでしょう。

佐藤　ロシア側としては、14年に併合したクリミア半島の親ロ派が支配するドンバス地方に加え、22年の侵攻で併合したとする４州の大半を固めて、より有利な状況で交渉のテーブルに着こうとしているのだと思います。

手嶋　ただ、今回のモスクワ訪問で、仲介役を自任する習近平主席は、プーチン政権の側に一段と寄り添った。その一方で米国のバイデン大統領もキーウを電撃訪問し、続いてG7（先進7ヵ国）のヒロシマ・サミットで議長をつとめる岸田文雄総理もウクライナを訪問し、揃って全領土の奪還を目指すゼレンスキー大統領を支持する姿勢を鮮明にしました。

G7の首脳でウクライナを訪れていないのは岸田総理だけでした。ただ、ウクライナ側としては、バイデン大統領を迎えることを最優先していましたから、岸田総理の現地入りは後回しになったのです。行くならもっと早く、もしくは、敢えて行かないという選択肢もあったと思います。

佐藤　岸田総理がキーウに入らないのはそれなりの思惑があってのこと――国際政局の表裏に通じる欧米の外交専門家はそう思っていた節があります。しかし、結局、〝バスに乗り遅れた〟だけというのでは様になりません。だから岸田総理は3月21日に電撃的にキーウを訪問し、ゼレンスキー大統領と会談したのでしょう。

手嶋　総理の身辺警護を定めた法律がなく問題だという指摘もありました。米国のシークレット・サービスを永く取材してきた経験から言えば、〝必要は法律を超越する〟のです。米大統領の身辺警護だって、建前をいえば訪問国の警察の担当です。ですが、米国は大統領専用車を送り込み、武装したシークレット・サービスがすべてを取り仕切り、相手国に警備を委ねたりはしません。日本も自前でSPが警備すればいい。要は覚悟と訓練の問題です。

佐藤　いずれにせよ、ゼレンスキー政権は、西側からの戦費と武器を支えに、奪われたすべての領土を奪還する——と少しも譲る気配はない。西側陣営はこうしたゼレンスキーの主張を全面的に支持しており、いまやロシアとウクライナの溝は一層深まっています。

手嶋　停戦の機は遠のいているように見えますね。

佐藤　ロシアはウクライナ戦域で米国と〝間接戦争〟を戦い、中国は台湾危機で米国と対立を深めています。中ロ両国は、米国を共通の敵として、かつてない緊密な戦略的パートナーとなりつつあります。

中露蜜月の光と影

手嶋　日本海の彼方に拡がるユーラシア大陸に盤踞する二つの大国。中国とロシアの間柄は、外側の世界からは容易に窺い知れません。〝究極のスパイ小説〟といわれる『スクールボーイ閣下』（翻訳・村上博基、1987年、ハヤカワ文庫）の著者、ジョン・ル・カレは、中ソが険しく対立していたまさにそのとき、両国が密やかな接近を始める印象的なシーンから筆を起こしています。深海の奥深くで密やかに試みる中ロの接触は、老情報大国たる英国のように独自の土地勘と豊かな人脈を擁していなければ、その気配すら摑むことがかないません。しかし、英国の触覚を担う秘密情報部（MI6）は、中国本土の動向を探る最重要の拠点、香港を引き払おうとしていたのです。まさしく情報世界の〝ダンケルク撤退作戦〟でした。ル・カレは本作の執筆にあたって、香港やラオスなど東アジア各地で周到な取材を重ね、黒竜江を挟んで対峙する中ソ両大国の対立と接近をリアルに描きだしたのでした。

佐藤　スターリンは、抗日戦争を戦った国共二大勢力のうち、毛沢東の共産党でなく、蔣介石の国民党が中国の覇者になることを望んでいた節がありました。だが、毛沢東は中華人民共和国を建国するや、「向ソ一辺倒」を唱えて中ソ蜜月に突き進んでいきました。

手嶋　その蜜月のさなかですら、ソ連は旧満州に日本が持っていた権益、例えば旅順軍港の租借権などを得ようと、毛沢東の中国と暗闘を繰り広げていました。当時、クレムリンの意向に忠実だった政治局員の高崗が更迭されたのは、中ソの軋轢のゆえと言われています。

佐藤　中ソの対立は、１９６０年代に入るとイデオロギー論争に発展し、69年には珍宝島（ダマンスキー島）で遂に武力衝突に発展してしまいます。

手嶋　第６章でも指摘したのですが、このとき、ソ連側は核の使用を検討した形跡があります。当時のニクソン政権はソ連の中国に対する核攻撃の危険を察して、ソ連の対中核攻撃を座視しないとクレムリンに警告を発したのです。ここに米中接近の素地が整ったのです。

佐藤　これもまた敵の敵は味方というわけですね。

手嶋　中ソが核戦争の深淵を覗き見た日々から10年余り、依然として〝国際政治の空白地帯〟と言われた中ソ国境に、西側のジャーナリストとして僕は初めて入境しました。黒竜江の対岸にはソ連軍の砲台がずらりと並び、我々の乗った船に砲身が向けられていたことを覚えています。その一方で国境の街では中ソの交易が行われており、対立していた両国の雪解けが密やかに始まっている様子を目撃しました。

佐藤　中ロを隔てているのは、黒竜江などの大河ですが、プーチン大統領は今回のモスクワ訪問に際して、中国共産党の機関紙「人民日報」に寄稿し、現在の中ロ関係を「字義通りの意味でも、比喩的な意味でも、両岸に橋が架けられた間柄だ」と表現しました。かつて戦火を交えた国境の大河にはいま二本の鉄橋が架けられていると指摘し、文字どおり「兄弟国」になったとその蜜月ぶりをアピールしてみせました。

手嶋　二人の〝ユーラシア兄弟〟は、ウクライナ戦争の落としどころをどこに見定めているのでしょうか。両首脳の極秘協議の中身はまだ漏れ伝わってきません。しかし、ロシアが2014年に力で奪ったクリミア半島、とりわけセヴァストポリ軍港は断じて手放さず、親ロ派の拠点ドンバスも守り抜くというプーチンの胸の内は、習近平もよく承知しているはずです。

佐藤　ただ、習近平が真の仲介役を果たすには、ゼレンスキー側からも譲歩を引き出す必要があるのですが、その手掛かりは摑みかねている様にもみえます。

手嶋　ゼレンスキー側を和平交渉のテーブルに着かせるには、バイデン大統領の説得なくしては実現するはずがありません。しかし、日米をはじめG7の各国が、ゼレンスキーの言い分にぴたりと寄り添ったままでは展望は開けませんね。

佐藤　それどころか、ウクライナ側が要衝セヴァストポリを無人攻撃機などで攻撃するようなことがあれば、ロシア側は核で反撃するリスクが高まります。プーチン大統領は「ロシアの核心的な利益を冒されたときには、核の使用もありうる」と述べていますから。

手嶋　それだけに、Ｇ７の議長をつとめる日本には、核戦争を未然に防ぎ止め、両者に停戦を受諾させる責務があります。Ｇ７のヒロシマ・サミットは、その絶好の機会になるはずです。

「中立」を軸にしたウクライナの未来図

手嶋　ウクライナとロシアの両陣営が真っ二つに分かれて対立を続ければ、佐藤さんが指摘するように「10年戦争」になってしまいます。その果てに核兵器が使われるようなことになれば、台湾危機でも核使用のリスクが高まります。

佐藤　手嶋さんは一貫してそう指摘していますね。

手嶋　領土を巡っては、双方に言い分はあるはずです。ここはまずは戦闘をやめさせ、和平交渉のテーブルで、仲介国の調停にも耳を傾けながら、話し合いを通じて解決すべきでしょう。第2章で、今回のウクライナ戦争に続く最初の武力紛争となった2008年のジョージアとロシアの武力衝突を検証しました。あのときは、「5日間戦争」で戦火は収まりましたが、親ロシア派勢力が実効支配する「南オセチア共和国」と「アブハジア共和国」は、いまもロシアを除く大半の国が「未承認」のままです。しかし現状はそのまま続いています。むろん、ジョージアは、自国の領土だという主張を変えていません。裏を返せば、外交上の決着はついていないものの、この15年間、砲声は止んでいることを忘れてはなりません。

佐藤　現実に戦争が始まってしまった場合、犠牲者をこれ以上増やさない方策として、〝まず撃ち方やめ〟が鉄板のセオリーなんです。しかし、ウクライナのゼレンスキー大統領は「ロシアがウクライナから奪ったすべての領土を完全かつ無条件に取り戻し、ロシア軍を撤退させて開戦前の状態に戻すまで戦い続ける」と譲る気配がありません。こうしたウクライナの強硬な姿勢を支えているのが、米国をはじめNATO諸国の兵糧と武器なのです。西側の援助がなければ、「5日間戦争」よりは長引いたものの、ウクライナは持ちこたえられなかったはずです。西側の支援がいけないと言っているのではありません。しかし、戦争を長期化させ、子どもやお年寄りまで犠牲を出している現状に、ＮＡＴＯ側も相応の責任は感じるべきです。ウクライナ戦争の「管理人」もそうした自覚は持つべきです。

手嶋　誤解のないよう言っておきますが、〝批判されるべきは侵略者のロシアであり、奪われたすべての領土を奪還するまで戦う〟というゼレンスキー大統領の無条件勝利の主張をいけないと言っているのではありません。ただ、ロシア側に「開戦前の国境線まで撤退せよ」、ましてや「クリミア半島も返せ」と無条件勝利を掲げて戦いを続ければ、停戦の機を摑むことは難しいと言っているのです。

佐藤　国際社会も食料不足とエネルギー価格の高騰に苦しみながら、なお「10年戦争」を続けてもいいと覚悟しているようには思えません。

手嶋　ただ、アメリカはじめＮＡＴＯ諸国は、自国の兵士をウクライナ戦域に投入していません。このため自国の若者の棺が祖国に帰ってくることがない。それゆえ、西側の政治指導者は、ゼレンスキーの「無条件勝利」を気楽に支持している側面をなしとしない。

佐藤　ここは西側陣営の首脳たちも停戦を実現させる方策を真剣に探るときですね。

手嶋　外交交渉の現場を数多く取材してきた外交記者として言えば、停戦のキーワードは〝中立化〟の外にはありません。ウクライナは、NATO加盟を申請していますが、現時点ではNATOの加盟国ではない。形式的には中立国です。一方のロシアも、ウクライナのNATO加盟阻止が戦争の大義名分です。もっとも、プーチンの言う〝中立化〟は、事実上の属国化です。〝中立化〟といっても、両者の内実には大きな隔たりがある。しかし、外交とは、交わるはずのない平行線を交わったと表現する業なのです。第6章で触れたように米中の劇的な和解を実現した「上海コミュニケ」をはじめ重要な外交交渉はことごとくそうなのです。

佐藤　ロシアとウクライナを和平交渉のテーブルに引き寄せる。私もキーワードは〝中立化〟だと考えます。これなら、現に形の上ではいまのウクライナは〝中立〟なのですから、それを誘い水にすればいい。双方に無理な妥協を強いる必要はありません。ウクライナの中立化を話し合う交渉のテーブルに着いてほしい。こうプーチンに説いて断るでしょうか。

手嶋　佐藤さんは、スラブ世界の民族問題について研鑽を積み、ロシア語だけでなく、ウクライナ語、ベラルーシ語も学んだプロフェッショナルです。将来のウクライナについてどんな和平の腹案を持っていますか。手札を少しだけ見せてくれますか。

佐藤　〝中立化〟という観点から言えば、和平交渉が進めば、次のようなシナリオが考えられます。今のウクライナが、歴史、宗教などが異なる三つの地域から成り立っていることを考えれば、それぞれに〝分離・独立〟する。ロシアが支配しつつあるノヴォロシアについては、クリミア同様に、ロシアへの併合が固定化されるかもしれない。キーウなどのかつてのマロロシアは、中立国として独立する。さらに、歴史的にも、宗教的にも、ポーランドとの結びつきが非常に強い南西部のガリツィア地方は、西側の一員となるのです。

ロシアという大国に攻め込まれた結果、ウクライナがバラバラになるのは理不尽だと感じるかもしれません。しかし、これは列強が領土を奪って分け合う話とは違います。西部ガリツィアがソ連領ウクライナに統合されたのは、第二次大戦後のことでした。リヴィウを含めたガリツィア地方は、ついこの間までソ連領に組み入れられた歴史を持っていないのです。

ゼレンスキー主演の『国民の僕』にも描かれたように、ノヴォロシアとガリツィアは水と油です。今後も一つの国にまとまっていくのは不自然かつ難しいでしょう。

手嶋　ウクライナの未来について、従来の国境を前提に考えるのか。それぞれの地域の歴史、そこに暮らす人々の意思や感情を考慮して、戦争終結の調停のあり方を模索するのは重要ですね。G7の一員として日本も停戦と和平交渉には関与すべきですが、日本はやや国際法に偏するきらいがあります。とりわけ、戦後の日本外交は、〝条約官僚〟が取り仕切り、総理や外相の答弁の基調を決め、国会の議論までリードしてきました。総理が決まって「法の支配に基づき」というのは、〝条約官僚〟の応答要領を鸚鵡《おうむ》返しにしているからです。ウクライナ和平は時に国際法の則を超える大胆な発想を持たなければ実現しないでしょう。

佐藤　G7の議長国を務める岸田総理には、ウクライナの戦いを一刻も早くやめさせるために、外務省のくびきを逃れて、政治指導者として決断してもらいたいと望みます。

「口だけの日本」が獲得した格好のスタンス

手嶋　長期化したウクライナ戦争に対して、日本は何をなすべきか、できるのか。最後に日本が果たすべき責務を論じておきたいと思います。

佐藤　それを考えるにあたって、当時の論壇では「現実主義者」と評された高坂正堯の著作『国際政治』（１９６６年、中公新書）を紹介しましょう。国家間の関係というものは、「価値の体系」「利益の体系」「力の体系」が複雑に絡み合って成り立っていると高坂は述べています。けだし慧眼というべきです。この三体系をヒントにすれば、ウクライナ戦争下の日本の立ち位置が非常にはっきりしてきます。

まず「価値の体系」では、日本は、開戦以来一貫してアメリカをはじめとするＧ７の国々と一体になり、ロシアを厳しく批判してきました。これはある意味当然です。

手嶋　日本はアメリカと安全保障の盟約を結び、民主主義という同じ価値を分け合ってきた西側陣営の一員ですから。

佐藤　ただ、メディアの報道も、与野党の国会論戦も、基本的にこの「価値の体系」しか見えてこないのが問題なのです。しかし、二つ目の「利益の体系」からみると、様相はずいぶんと違ってきます。日本はＧ７の中で唯一、ロシアの航空機に対して自国の領空の航行を許しています。シベリアの上空を経由してヨーロッパに行くことに利益を見出しているからでしょう。さすがに旅客機は飛んでいませんが、貨物機はいまもロシア上空を飛んでいます。エマニュエル・トッドにこの話をしたら、「本当か」と驚いていてい

ましたが。（笑）

手嶋　サハリンのLNG（液化天然ガス）についても、欧米は撤退を決めましたが、日本は踏みとどまっています。

佐藤　ロシア産の水産物も、開戦時には魚が輸入できなくなるのではと心配されましたが、いまもロシア産の水産物はスーパーに並び、心配されたほど値上がりはしていません。カニなどはアメリカがロシア産を全面禁輸にした分だけ、供給がだぶつき気味です。

手嶋　「価値の体系」を高く掲げているニッポンで、「利益の体系」はちゃっかり機能しているのですね。

佐藤　そういうことです。ロシアに入漁料を支払って、サケ・マスを獲る仕組みもそのまま。

　さらに、いま話にでたロシア極東の石油と天然ガス採掘プロジェクト「サハリン1」と「サハリン2」の権益も、日本は結局手放しませんでした。

手嶋　シェルやエクソンモービルなど欧米系のメジャーは、開戦後、完全撤退を決めましたが、日本は「価値の体系」を優先させました。もっとも、欧米のメジャーが、義を優先して、価値を犠牲にしたわけではありません。一時は自分たちの利権を中国に売却しようと動いていました。なかなかにしたたかです。

佐藤　サハリンの天然ガスの輸入はいまも継続され、ロシアに流れている資金は1日分で30億～40億円とみられています。

手嶋　お金には色がついていませんから、日本マネーはロシアの戦費に使われていることになります。

佐藤　ご指摘のとおりです。「価値の体系」に基づいてロシアに厳しい言葉を浴びせる一方で、経済制裁という「利益の体系」では、日本は必ずしも欧米諸国とは歩調を合わせてはいないのです。

手嶋　さて、三つ目の「力の体系」です。日本を除くG7各国は、実戦部隊こそウクライナの戦域に投入していませんが、戦車をはじめ新鋭兵器を続々とウクライナに供与しています。日本は2014年に「武器輸出三原則」に替えて「防衛装備移転三原則」を定めたものの、紛争当事国への武器輸出は禁じられています。ウクライナへの兵器の提供は行っていません。

佐藤　不用品扱いで自衛隊の防弾チョッキを送り、追加で市販品のドローンを送っただけ。ここでもアメリカなどとは異なる立ち位置にいます。「三つの体系」の視点から見ると、日本は、口先ほどウクライナ戦争には深入りしていない。リップサービスばかりで、実態は伴っていない。

手嶋　岸田政権が、ウクライナ和平を視野に入れて、一味違ったスタンスをとっているなら、今後の重要な布石になると思います。岸田総理が、G７の首脳の中でウクライナ入りがシンガリになったのも、戦略的な狙いがあったのなら理解できますが、実態は必ずしもそうじゃない。内情を知りすぎている立場から言えば、行きたいのだが逡巡しているうちに、ウクライナ側はバイデン電撃訪問を最優先して後回しになったのが実際のところです。

佐藤　日本のメディアが報じるほどには、日ロ関係は悪化していないという側面もありましたから、和平交渉のことを考えれば、日本のスタンスは決して悪いことではないと思います。岸田首相のキーウ訪問に対するロシア側の反応は非常に抑制されたものです。3月23日の定例記者会見でロシア外務省のザハロワ報道官はこう述べました。ニュアンスが重要なので正確に訳します。

質問：習近平氏のロシア訪問と並行して、日本の岸田文雄首相がキーウを訪問しました。日本のこの行動をどう評価しますか。

回答：主要7カ国（G7）の枠組みで、日本がキエフ訪問の計画を実行する必要があったのでしょう。ワシントンの論理に従って行動し、その圧力の下で行動するすべての人々は、自らが行った訪問について報告しなければならない日程表があるのです。ロシアのプーチン大統領と中国の習近平国家主席の訪問と会談から焦点をずらすためだったのかもしれませんが、両者を比較することはできません。

日本の立場やキエフ政権の状態は、すべて理解可能なので、私たちが心配することはほとんどありません。


ロシアの対応が抑制的だった理由は二つあります。まず、この訪問が不意打ちではなく、クレムリンに事前通報していたからです。政府は公式には認めていませんが。「日本政府が岸田文雄首相のウクライナ訪問をロシアに事前通告していたことが22日、分かった」（3月22日「日本経済新聞」電子版）という報道は事実であると私も確実な筋から確認しています。

ロシアがもっとも懸念しているのは、日本がウクライナに武器供与をすることですが、殺傷能力を持たない装備品を40億円分供与するにとどまりました。自衛隊が購入する戦闘機F35の値段が1機約150億円、高速道路の建設費が1キロメートルあたり約50億円であることと比較すれば、40億円は微々たる額です。高速道路800メートル分のカネしか出さないというのは日本の国力と比較して小さすぎます。ロシアは岸田首相の激しいロシア非難の言葉よりも、日本の実際の行動を見て、今回は抑制的な対応をすると決めたのだと思います。

手嶋 しかし、遅れてきた訪問者として、ウクライナの主張に寄り添い、装備品の提供を約束したのですから、日本の対ロ工作の選択肢はぐんと狭まってしまいましたね。

佐藤 この訪問の前よりも狭くなったことは間違いありません。ここで隣国、韓国を引き合いに出しましょう。昨年、韓国政府がウクライナ向けの兵器をアメリカに売却するという話が公になりました。これにプーチン大統領が即座に反応したわけです。ヴァルダイ会議の席上、会場からの質問に答える形で、次のように述べました。

私たちは韓国と非常に良好な関係にあり、韓国と朝鮮民主主義人民共和国の両方と常に対話することができました。しかし今、韓国がウクライナに武器・弾薬を供給することを決定したことがわかりました。これでは、私たちの関係が壊れてしまいます。もし、この分野で北朝鮮との協力を再開することになれば、韓国はどのように感じるでしょうか。それで幸せになれるのでしょうか。

（ヴァルダイ会議　佐藤優訳）

韓国がそういうことをするならば、ロシアも北朝鮮との関係を見直して、間合いをぐんと詰めるとドスを利かせた。

手嶋　プーチンらしい直截な脅し文句ですね。

佐藤　怯えた韓国は、すぐに尹錫悦《ユンソギョル》大統領が「我々はウクライナへの平和的・人道的支援で国際社会と団結しており、殺傷兵器は一切提供していない。だが、これはどのような点においても、我々の主権の問題だ」と、こちらはなんとも歯切れの悪い言い訳をせざるを得なくなりました。こういうのは、対ロ関係において消せない大きな傷になります。

手嶋　とりわけプーチンのロシアは、北朝鮮の核実験には、難色を示していた節がありましたから、ツケは朝鮮半島に跳ね返ってきます。

佐藤　翻ってわが日本は口先だけで、軍事的にはほとんど何の貢献もしていなかったことが功を奏して、同じアメリカの同盟国でありながら、ウクライナの戦後処理に絡む外交的な余地を残していました。「ロシアを批判したではないか」と言われても、「あれは、総理が日米同盟という立場上、口にしたことで」で済ませることができます。

手嶋　しかし、23年3月の岸田総理のウクライナ訪問で、絶好の外交カードが消えてしまった。外交には狐のような狡知が必要だといわれます。でも、日本という国は、停戦という大きな戦略目標をいったいどう考えているのか。アメリカの傘のもとにひっそりと身を寄せているうち、戦略的思考をすっかり萎えさせてしまったとしか思えません。

佐藤　そう、戦略的に振る舞っているわけでもなく、本能的に「利益の体系」に忠実に行動していたら、抜け駆けのようになっていた。恐らく外からは、今の日本に期待しても仕方ない、という感じに見えていることでしょう。もっとも殺傷能力のある武器を供与していないので、まだ日本がロシアと外交ゲームをする隙間があると私は考えています。

私は岸田内閣を「深海魚政権」だと見立ててきました。支持率がずっと30〜40%くらいに沈んでいて、閣僚の首が次々に飛んでも、倒れる兆しが見えない。深海という独自の生態系で生きながらえていて、海上から手を伸ばそうとしても捕らえどころがない。

手嶋　被爆地を選挙区とする政治家というのが〝張りぼて〟でないことを証明するためにも、ここは深海から顔を出して仕事をすることを切に願います。

佐藤　逆に言うと、それをやれば、岸田政権が本格的に浮揚する目もあると思うのですが。

歴史の分水嶺となる２０２３年

佐藤　高坂正堯という人の著作がいまも少しも色あせていないのは、透徹したリアリズムに立脚して国際政局の本質を見つめていたからです。国際関係はこうあるべきという教条主義に陥ったり、現実の戦争の悲惨さからかけ離れたシミュレーションゲームのような感覚で空論を弄《もてあそ》んでは、現実の世界を動かすことはできません。１９４１年12月８日、日本は、国民総生産（ＧＮＰ）で10倍以上の差があったアメリカを相手に無謀な戦争を始めました。さきほどの三つの体系のうち、「力の体系」に照らしてみれば、どうみても勝ち目のない戦いでした。

手嶋　当時の日本の指導層は、厳然たるその事実を知りながら、勇気をもって戦争を回避する決断ができませんでした。

佐藤　重臣の若槻礼次郎は「理想のために国を滅ぼしてはならない」と、開戦に異を唱えたわけです。首相兼陸相の東條英機が述べた「理想」は、大東亜共栄圏の建設であり、それを妨害された以上、大日本帝国は起たねばならないのだ、と主張しました。結局、この「価値の体系」が「力の体系」で示されたリアルな情勢を覆い隠し、勝ち目のない戦いに国民を連れて行きました。その果てに壊滅的な敗北を喫してしまいます。そんな「価値の体系」を肥大化させたのは、軍部だけではない。言論人や知識人たちも一役買い、世論も賛同していきました。

手嶋　いまウクライナ戦争に遭遇して、日本の政府も、メディアも、世論も、「価値の体系」を肥大化させ、リアリティを喪失させているのではないでしょうか。そういうと、プーチンの不正義の戦争を擁護するのかという声が聞こえてきますが、リアリティに立脚しなければ、ウクライナの戦いはいつまでも終わりません。

佐藤　もちろん「価値」を無視していいということではない。でもやはり、外交は力と力の均衡で成り立っている。ＧＤＰで韓国レベルのロシアは、西側連合を相手に持ちこたえられるほどの軍事強国ではない――アメリカ側はそう思っていたはずです。現実を正確に捉えていなかったことが、事態をここまで複雑化させた大きな原因だと思います。

手嶋　眼前の情勢を精緻に読むには、歴史的な文脈をきちんと押さえることが重要だと痛感させられます。

佐藤　面倒くさいことを脇において語るのは楽ですが、それで正確な分析を行ったり、まして将来を予測したりすることは困難です。

手嶋　歴史は単純に繰り返すものではありません。常に新たなファクターが付け加えられ、現代史が紡がれていきます。私たちは、そういう過去からつながる21世紀のいまを生きている。そんなリアルな感覚を持つことが、近未来を見通す術になります。

佐藤　間違いなくそうです。2023年は、戦域も含めた規模の拡大を招くことなく戦いを終息させることができるか、さらなる長期化や核戦争の危機まで呼び込んでしまうのか、その分水嶺の年になるでしょう。

あとがき

２０２２年2月24日に始まったロシアによるウクライナ侵攻は、世界史を転換する大事件だった。ロシアがどのような理屈をつけようとも（ロシアは国際法を無視するのではなく濫用する。ロシアの理屈に付き合う必要はないが、その論理構成について知っておく必要があることを強調しているのも本書の特徴だ）、ロシアの行為は、ウクライナの国家主権と領土の一体性を毀損する国際法に違反する行為だ。この国際法には、当然、国連憲章も含まれる。

しかしロシアは拒否権を持つ国連安全保障理事会の常任理事国だ。国連安保理の決議がなくては、侵略の認定もできないし、制裁を加えることもできない。国連という制度において、常任理事国が侵略国になることは想定していない。想定していないことが起きたのだから国連が機能不全になるのも当然のことだ。

そのような状況でアメリカの一極主義が加速した。アメリカは、民主主義という価値観に基づいた西側連合（＝グローバルノース）によって一方的にルールを定め、ロシアのプーチン政権を弱体化することを決めた。

当初、ウクライナ東部のドンバス地域（ルハンスク州とドネツク州）に居住するロシア系住民の処遇を巡る地域紛争が、アメリカの介入によって民主主義vs.独裁という価値観戦争に転化した。戦争開始から約6ヵ月は、ロシアは「ルガンスク人民共和国」と「ドネツク人民共和国」からウクライナ軍を駆逐し、二つの「独立国家」による領域全体の実効支配を獲得することを戦争目的にしていた。価値観ではなく、領土獲得が戦争目的だった。これが同年9月に変化した。ロシアも価値観戦争に目的を転換したのだ。ロシアがウクライナのルハンスク、ドネツク、ザポリージャ、ヘルソンの4州を併合する決定を行った際にプーチン大統領は、西側連合に悪魔崇拝（サタニズム）の傾向があると非難した。これが分節点だった。ロシアにとってこの戦争は真実のキリスト教（正教）vs.悪魔崇拝という価値観戦争になったのだ。

キリスト教においては、すべての人間が罪を持つと考える。罪が形をとると悪になる。悪が人格化すると悪魔になる。アメリカのバイデン大統領からすればプーチン大統領は21世紀に地上に現れた悪魔なのである。プーチン大統領からすれば、バイデン大統領は大サタン、ウクライナのゼレンスキー大統領は小サタンなのだ。私の基礎教育は（プロテスタントの）キリスト教神学だが、ウクライナ戦争にはキリスト教の否定的側面が端的に表れている。

悪魔との妥協は成立しない。西側が兵員の派遣を含む本格的介入を行えば、ウクライナ全土（クリミアを含む）からロシア軍を駆逐することは可能だ。それのみならず二度と他国を侵略することがないようにロシア国家を分断し、弱体化することもできると思う。しかしアメリカはその選択に踏み込まない。ロシア国家が存亡の危機に瀕した場合、ロシアは核兵器を使用すると明言しているからだ。その場合、戦術核だけでなく、ワシントン、ニューヨーク、シカゴ、サンフランシスコなどのアメリカの主要都市を戦略核で攻撃することもロシアは辞さない（ロシアは南極回りで北米大陸を攻撃できるサルマートという大陸間弾道ミサイルを持っている。このミサイルを迎撃することは現在のアメリカの防空能力では難しい）。従って、アメリカを中心とする西側連合は、アメリカがロシアと直接交戦することを避けるという条件の下でしかウクライナを支援しない。このようなアメリカによって「管理された戦争」で、ウクライナ軍がロシア軍を駆逐し、１９９１年の国境を回復することは不可能だ。客観的に見てアメリカの戦争目的は、ウクライナを勝利させることではなく、ウクライナを使ってロシアを弱体化させることだ。ウクライナ戦争が始まって、このようなリアリズムに基づく議論を出版できる環境がようやく整ってきた。外交ジャーナリストで小説家の手嶋龍一氏は、インテリジェンス小説『ウルトラ・ダラー』（小学館文庫）、『鳴かずのカッコウ』（小学館）を読めばよく分かるが、ウクライナ（特にこの戦争が始まる前に日本人がほとんど関心を持たなかった西部のガリツィアやザカルパチア）を丹念に取材しているので、十分な土地勘がある。

この対談で1人でも多くの人にウクライナ戦争の真実を知っていただきたい。

本書を上梓するにあたっては中央公論新社の中西恵子氏、フリーランスの編集者・ライターの南山武志氏にたいへんお世話になりました。どうもありがとうございます。

2023年4月12日、曙橋（東京都新宿区）の自宅にて

作家・元外務省主任分析官　佐藤　優

構成／南山武志
本文ＤＴＰ／市川真樹子

ラクレとは…la clef=フランス語で「鍵」の意味です。
情報が氾濫するいま、時代を読み解き指針を示す
「知識の鍵」を提供します。

中公新書ラクレ
796

ウクライナ戦争《せんそう》の嘘《うそ》

米露中北《べいろちゅうきた》の打算《ださん》・野望《やぼう》・本音《ほんね》

2023年 6 月10日初版
2023年 6 月30日再版

著者……手嶋《てしま》 龍一《りゅういち》　佐藤《さとう》 優《まさる》

発行者……安部順一
発行所……中央公論新社
〒100-8152 東京都千代田区大手町 1-7-1
電話……販売 03-5299-1730　編集 03-5299-1870
URL https://www.chuko.co.jp/

本文印刷……三晃印刷
カバー印刷……大熊整美堂
製本……小泉製本

Published by CHUOKORON-SHINSHA, INC.
Printed in Japan　ISBN978-4-12-150796-9　C1236

中公新書ラクレ　好評既刊

L673
日韓激突
――「トランプ・ドミノ」が誘発する世界危機

手嶋龍一＋佐藤　優 著

ＧＳＯＭＩＡをめぐり揺れに揺れた日韓。両国はついに全面衝突の様相に。「安倍政権が韓国を巧妙に追い詰め破棄させたのだ。この手法は、日本を開戦に踏み切らせたハル・ノートを思わせる。短期的には〝完勝〟（佐藤優氏）だが、「長期の視点に立てば極めて危うい一手」（手嶋龍一氏）だ。北東アジアに生じた日米韓の安保体制の綻びを、中露北が衝こうとしている。果たしてニッポンに苛烈な国際政局を生き抜く秘策はあるか。

L692
公安調査庁
――情報コミュニティーの新たな地殻変動

手嶋龍一＋佐藤　優 著

公安調査庁は謎に包まれた組織だ。日頃、どんな活動をしているのか、一般にはほとんど知られていない。それもそのはず。彼らの一級のインテリジェンスによって得られた情報は、官邸をはじめ他省庁に提供され活用されるからだ。つまり公安調査庁自身が表に出ることはない。日本最弱にして最小のインテリジェンス組織の真実を、インテリジェンスの巨人２人が炙り出した。本邦初の驚きの真実も明かされる。公安調査庁から目を離すな！

L710
菅政権と米中危機
――「大中華圏」と「日米豪印同盟」のはざまで

手嶋龍一＋佐藤　優 著

菅新政権の外交マシーンが動き出した。烈しい米大統領選を経て米国の対中姿勢は、一段と厳しさを増す。菅政権は、日米同盟を基軸に据えて、「習近平の中国」と対話をと目論む。だが、北京は安倍政権のキングメーカーにして対中宥和派、二階俊博幹事長を通じて日米同盟に楔を打ち込もうと布石を打ちつつある。菅総理は、安倍辞任の空白を埋めて、緊迫の東アジアに戦略上の安定を創りだせるのか。知られざる「菅機関」の内実を徹底分析。